新規開拓・取引深耕につながる！

融資渉外
に役立つ

アプローチトーク集

クリエイトプラン代表　荻野元夫

●はじめに●

コロナ禍を経て金融機関の企業訪問への手法や対応が大きく変わってきています。コロナは様々な形で多くの取引先の経営に影響を与えましたが、その度合いや内容は取引先ごとに差があり、経営に対する課題も多種多様に残しました。このような中、アフターコロナにおける取引先訪問では、今まで以上に企業観察や事前情報の把握を綿密に行い、経営実態をより正確に捉えて訪問することが必要となっています。

また、金融機関の営業活動もコロナ禍によって大きく制限されたため、開拓訪問経験の少ない若手渉外担当者も多く、取引先訪問の基本的な手法の習得不足や、状況に即した対応話法の未熟さが、活動の大きな壁となっている状況が窺われます。

本書は新規先の融資開拓、そして既存取引先との取引深耕策について成果へのステップを追いながら、若手渉外担当者が一つひとつハードルを越えていくためのポイントをまとめた1冊です。特に難しいと感じる初回訪問時の切り出しトークや、2回目以降の継続訪問につなげていくための情報収集を意図した話の展開方法、また決算書入手のための借受けトークなどについて、現場ですぐに実践できるよう分かりやすく具体的に説明しています。

渉外担当者が事業所の新規開拓・取引深耕は苦しいものと考えがちなのは、活動が成果になかなか結び付かないことが一番の理由です。本書を活用した実践研修により、成果をめざした渉外担当者の現場力を向上させていただきたく思います。

荻野　元夫

新規開拓・取引深耕につながる！

融資渉外に役立つ アプローチトーク集

● CONTENTS ●

第 1 章

> コロナ禍を経て
> 変わる取引先訪問と
> 事業性評価

1 アフターコロナにおける 訪問のポイントを理解しよう

①コロナ禍の影響

　コロナが企業経営に与えた影響は業種や事業領域によってまちまちですが、人材や財務基盤に制約がある中小企業ではアフターコロナにおいても引き続き課題解決に頭を悩ませている状況が見受けられます。このような中、金融機関の取引先訪問では、課題を的確に捉えるとともに、この課題解決に向け渉外担当者が経営者のパートナーとしての役割を十分に認識することが大切です。

②取引先の技術やノウハウを再チェック

　渉外担当者が課題解決のための具体的施策を経営者と一緒に考え、実行に協力していくためには、取引先が持っている独自の技術やノウハウ、また営業力、競争力を再チェックし、これを活かしながら解決への道筋を立てていくことがポイントとなります。

③ビジネススタイルの変化を確認

　アフターコロナでは、消費者の行動と価値観が確実に変化しており、これに伴いほとんどの業種においてビジネススタイルが見直されてきています。最も特徴的なことは、コロナ禍を経験して消費者の生活様式が変わったため、これに合わせた「人が動かない」ことを前提としたオンラインビジネスが急速に進んだことです。

　訪問時においては業種ごとに市場の変化に対応した既存事業の見直しや、経営方針・営業戦略などの再構築についてヒアリングすることが重要です。

❷取引先が直面している課題と 事業性評価を理解しておこう

①取引先の課題

　コロナ禍において、中小企業にとって最も深刻な影響は売上の減少でした。中には売上の影響を受けにくい業種・業態もありましたが、いずれも少なからずコロナ対応をしながら事業を継続してきていますので、コロナ禍による課題が全くなかったという取引先は少ないでしょう。

　アフターコロナの現在、未だ低迷が続いている業種がある一方、オンライン消費の拡大あるいは新分野への進出や業種転換などにより業績を回復させている取引先も増えています。したがって取引先訪問では、コロナ前以上に事業性評価の観点に主眼を置いた事前の企業実態の見極めが必要とされます。

②事業性評価とは

　事業性評価とは、金融機関が現時点の財務データや担保・保証に必要以上に捉われることなく、企業訪問や経営相談等を通じて取引先の事業内容や成長可能性などを適切に評価して行う融資のことをいいます。事業性評価に基づいて融資を進めていくためには、業界動向や業種特性、企業環境等について、あらかじめ調査した企業情報を確認しながら、事業運営の課題に話を拡げることからはじめます。

　これには「事業性評価シート」を活用して、表面化している資金需要だけでなく、潜在的な資金需要を仮説として浮かび上がらせて進めることが効果的です。その上で状況に合わせた新たな取組みや将来の展望をヒアリングによって捉えて、資金ニーズにつなげていくようにします。

第2章

初回訪問前の準備と
訪問時の
観察ポイント

❶適切なアプローチトークのため訪問前の準備にも力を入れよう

①「何を話せばいいか」ではなく「何を教えてもらうか」がポイント

取引先訪問が苦手な人は「何を話すか」でとまどいます。まずこの入り口のスタンスから見直しましょう。

取引先訪問時には、相手の立場に立って、「教えを乞う」スタンスで臨むと、経営者も気分よく自然に口を開きやすくなります。初回訪問の入り口では、肩ひじ張らずに業界情報や、近時の経済状況からの影響などについて「教えてもらうために訪問する」といった姿勢が相手に歓迎されます。

②初回訪問時のヒアリングの内容を定めておく

新規開拓先については、決算書データの詳細がないため、初回訪問ではまず、業界動向や業種特性、事業内容など、定性面のヒアリングから入ります。事前調査はインターネット情報等を利用して、可能な範囲で実施します。同時にインターネットからでは掴めない目利きを含めた周辺情報と地域における風評なども調査して、あらかじめ訪問対象としての適格性を捉えることが重要です。訪問時には、このような事前情報や調査内容を確認する形で行うことがトークを上手に進めるコツです。

インターネット情報・興信所情報などは情報源として重要ですが、この情報の多くは過去または静止状態の情報ですので、必要以上に先入観を持たないほうがよいでしょう。また、事前準備を整えることに時間をとられすぎてはいけません。要は企業としての適格性と妥当性を間違えなければ、訪問先選定で失敗することは少ないので、机上で訪問の要否を決めつけることには注意が必要です。重要なのは、訪問による担当者

自身の「ヒト・モノ・カネ」の観察と、これに基づく情報発掘、および
その分析です。

③自分の訪問スタンスを確立しておく

　アプローチで成功するかどうかは第一印象が大切で、最初の２〜３分
が勝負です。第一印象は外見で決まりやすいので、明るく健康的で清潔
なイメージを与えることを心がけましょう。礼儀正しく落ち着いた態度
が印象を高めます。

■ポイント■

> ・挨拶は明るく、はきはきと、心を込める
> ・社長や担当者だけでなく、周囲の人たちにもきちんと挨拶する
> ・敬称や敬語をきちんと使い、言葉遣いは正しく明るくする
> ・分かりやすい言葉で訪問内容はゆっくり、丁寧に簡潔明瞭に述べ
> 　る

④「断り」に対するアプローチトークを準備しよう

　初回訪問は「断られる」のが当たり前と考えると、断られた時のダメー
ジは少なくなります。初めからこちらの訪問を歓迎する取引先はそんな
に多くはありません。すぐに招き入れてくれるケースもありますが、こ
のような時は、その意図に留意して慎重に話をすることを心得ておくこ
とです。

　初回訪問は、「まず断られる」ことを前提とすることで、心理的な負
担も軽くなります。初めの訪問で断られた時はその理由と解決方法を考
えた上で次回訪問につなげましょう。

> ・相手の都合を最優先に考えて、面談を急がない。「ほんの３分だ
> け時間を下さい」などと、無理な設定をすると十分な話もできに
> くく、また次回訪問への良い返事はもらえない
> ・社長から『教えを乞う』という謙虚な姿勢で自尊心に訴える
> ・次回訪問の約束をとるには、具体的日時を提言することがコツ

⑤事前情報が少ない先へのアプローチトークを心得よう

　新規開拓先に限らず、既存取引先に対して初回訪問する時のポイント
も見ていきましょう。取引先の中でも、事前情報が少ない取引先への訪
問では、取扱品目数や取引先数、また従業員数・売上高推移など、数値
を伴う項目を中心にヒアリングすると、増減推移とその要因等から、企
業としての方向性が具体的に見えてきます。アプローチトークでは、こ
の数値を「過去・現在・未来」に分けて実績や現在値、さらに予測数値
を時系列で聞き取ることがコツです。数値のヒアリングは相手の都合な
どを考えて、時間的余裕のあるタイミングで行い、推移のポイントを逐
次簡潔にまとめながら進めていくとよいでしょう。

■ポイント■

> ・相手の取引銀行は尊重して、悪口は言わない
> ・どんな話でも議論しない。話に間違いがあっても否定しない
> ・断られた時は、反論は控えて落ち着いて断りの根拠を考えて応答
> ・次に訪問することを考えて、話の中で次回の話の内容を捉えるこ
> とを心がける

⑥継続訪問につなげるアプローチトークのすすめ方を練習しておく

　訪問活動においては、初回訪問のアプローチトークから次回訪問の約束を取り付けて、さらに継続訪問を経て成約を着地点とします。継続的な訪問を可能とするために大切なのは、その都度、課題や宿題を持ち帰り、次の訪問時の提案につなげるためのトークを構築することです。このノウハウを高めるためには、常に相手の話に対してアンテナを高く持って「何を求めているか」を敏感にキャッチする訓練を繰り返すことです。

■ポイント■

- ・初回訪問では自分の時間やペースで話をしないこと。電話応対や顧客対応などで相手が多忙の様子の時は、状況をすぐ察知して辞すること
- ・事前情報を基に事前にその日の話のポイントを整理し、質問を想定した対応話法を頭に入れておく
- ・その日のネット情報などから、相手が興味を持ちそうな最新のニュースや時節に即したタイムリーな話を取り込んでおく

■セールストーク３つの基本■

- ・事実は具体的に褒める。褒め言葉は度が過ぎないよう遣い方に注意する
- ・聞き役に回り口数を控えて、タイミングのよい相槌を打つ
- ・聞き耳を立てて、話のポイントに神経を集中する

❷訪問前には営業店で こんな準備をしておこう

①取引メリットを前提に訪問先を選ぶ

　新規開拓・取引深耕にあたって最も大切なことは、自行庫が将来にわたって取引するメリット（収益メリット・取引存在メリットなど）や取引価値があるかどうかということを前提に対象先を選定することです。そのためには、まず相手の企業実態（定性面、定量面）をあらかじめ調査することが必要ですが、調査情報の中には、事前に把握できるものと訪問によって初めて確認できるものとがあり、また情報内容も変化していて、訪問により認識を新たにするものなど多々あります。インターネットや興信所情報などの開示情報だけに捉われずに、風評を含めた目利きによる最小限の活きた情報を持って訪問することが、より正確な取引メリットの確認に役立ちます。

②データだけでなく目利きと風評調査を怠らない

　企業観察を財務データ（定量面）だけに偏ったり、決算書の求めを急ぎすぎたりすると、業種特性や業務内容、また企業実態や経営環境などの定性面の観察が後回しになることがあります。これを防ぐには、訪問前に目利きに重点をおいた周辺の観察に力を入れることが大切で、財務や担保などに捉われない企業の立姿を想定しておく必要があります。

③事前情報は過信せず訪問により実態を確認する

　事前情報はできるだけ把握しておきますが、過信しないことがポイントです。特に財務が良好な取引先は「資金需要が少ない」「メインバンクで十分対応されている」ケースが多いため、簡単には融資取引に応じ

てはくれません。訪問先を選ぶ際には、興信所情報等により訪問基準ラインを定めてもよいのですが、点数のバーをあまり高くすると、資金ニーズの発掘が難しくなります。点数に加えて目利きを重視すると、成長性への観察も加味されて、企業実態がより見えてきます。

④事業性評価シートの活用方法を決めておく

　訪問前には、すでに掌握している企業内容等を「事業性評価シート」に記入し、訪問により現在状況を改めて確認するとともに、抱えている企業課題や将来的な事業運営の方向性等をヒアリングします。また新規開拓先についてはインターネットなどの情報媒体を活用して、入手できる限りの情報をあらかじめ事業性評価シートに記入し、訪問によりこれを確認します。また、事前に得られなかった情報項目についてはヒアリングにより、取引先の強み・弱み（SWOT分析）を踏まえて、資金ニーズの発掘につなげます。

⑤事業性評価シートのヒアリングポイントを捉えておく

　事業性評価シートに基づくヒアリングは、順番と受け答えのトークパターンを決めておくとスムーズに進みます。業界動向・業種特性・事業内容・SWOT分析（企業の強み・弱み）・将来ビジョン・経営戦略等をシート項目に従い、順序立ててヒアリングします。表面的な資金需要だけをヒアリングするのではなく、企業課題や将来計画に話題を進めて潜在的な資金ニーズにつながる情報を掘り出す心づもりでヒアリングします。

⑥情報の整理から課題を見つけて資金ニーズにつなげるコツを覚える

　取引先が抱えている悩みや経営課題、財務課題に対する対応策や、改善策について、経営者と同じ目線で考えて、資金ニーズへの具体策を模索し提案につなげます。企業課題や将来計画への提案や助言などは、常

に自行庫としての意見や考えを入れながら、コンサルティング機能を発揮することを忘れないようにします。

■ポイント■

- ・自行庫が将来にわたって取引するメリットや取引価値があるかどうかを前提に対象先を選定
- ・訪問前に目利きに重点をおいた業種の特性や業務内容、周辺の観察に力を入れる
- ・事前情報の過信は禁物
- ・できる限りの情報を集めて事業性評価シートに記入し、訪問でそれを確かめよう

❸取引先の訪問時には 定性面も観察しておこう

①定性面の観察スタンスを確立しよう

　新規開拓先や、取引関係が薄い既存取引先について、訪問してすぐに決算書を借り受けたり、十分な意思疎通のないまま提案したりすることは難しいですし、また避けるべきです。初回訪問は自行庫としても融資対象先としての見極めがまだできていない段階ですので、経営への不安要素を内在した企業を抱えることになる危険性があります。さらに決算書の借受けを強く求めたことで融資実行を前提として受け取られるようなコンプライアンス上のリスクが生じることも考えられますので注意しましょう。

　取引推進していくためには、取引の適合性や妥当性について、最初の1〜3回の訪問時において定性面を細かく観察して見極めた後、本格的な開拓に入ることがよいでしょう。

　感性のアンテナを高く持つためには、経営者のちょっとした言葉や動作をインプットする癖をつけるようにします。定性面の話は、「ヒト・モノ・カネ」をバランスよく聞き取り、業界の動向、見通しや商品の流れ、経営の手法や、代金の回収、支払条件、販売先・仕入先のレベル、経営状況などについて、いろいろな角度からバリエーションを伴った観察を心がけていきます。また、面談者は代表者か実権者に限定して訪問することで効率よく定性面の観察が正確にできます。

　面談時は取引先の悩みや経営課題、また強みや弱みなど、話の重要なポイントは必ずメモを取る姿勢が相手に好印象を与えます。

②訪問前の定性面の観察ポイント

業者間の風評、技術や商品のレベル、特色、販売力や販売地区、地域での評判などは、目利きも入れて事前に多方面から調査します。風評が芳しくない場合には、その要因を調べて訪問を再考することが必要となります。

定性面の観察ポイントを決めておくことは、訪問対象先としての適合性を正確に確認できることにつながり、さらに自行庫が本気で取り組んでいる姿勢を取引先に感じさせることになります。

ただし、観察した内容について、良い点以外は必要以上に取引先にしゃべらないように注意します。調査したことをすべて話すことは逆効果となりやすいので留意が必要です。

③オフィスに入る前の観察ポイント

取引先の建物や設備の規模、劣化状況、メンテナンス、また整理整頓の状況や自動車の稼働状況などを観察します。経営者が会社環境などにどの程度目配りをしているかもチェックしましょう。さらに社員の応対・態度・挨拶・身だしなみ・清潔度合いなどから、企業としてのガバナンス状況を見ます。こうしたことから経営者の経営ビジョンや姿勢が社員にきちんと伝わっているかどうかが分かります。

④観察の感性を高く持つ

財務データが良好な取引先だけに絞って訪問先を選定しても、事業所開拓・取引深耕はなかなか成功しません。財務内容の良い取引先は、メインバンクとの間で十分な資金調達や有利な条件によって取引しているケースが多く、自行庫が取り入るチャンスが容易には見つけられないからです。

財務面で問題のない取引先は、定性面からの切り崩しが提案営業につながることも少なくないため、まず定性面から資金ニーズを引き出すヒ

アリングトークを磨くことです。ヒアリングトークのコツは、状況に応じて話のキャッチボールができるように、さらに感性の向上を図ることを目的に、店舗内でQ&A方式で事例ごとにあらかじめ練習しておくと効果的です。

■ポイント■

> ・相手と話をするうえで、特に初回訪問では「〜ですか」を多用すると、相手に対して調査をしているイメージを与えてしまうので、あまり上手な切り出し話法とはいえない
> ・実際に話を継続していく上では、「〜ですね」「〜でしょう」というように、こちらの想定を述べることで相手の口を開かせる話法が効果的
> ・「〜を教えてください」というように、相手の自尊心に訴える話し方も効果的だが、多用すると嫌味にも取られかねないので、注意が必要

第 3 章

初回訪問時の対応とアプローチトークの進め方

①初回面談での話の進め方とヒアリングを押さえよう

①初回面談の流れ

　初回の面談では、次のようなフローで話を進めていくと次回の訪問につなげやすくなります。

> ⑦ 会話を弾ませるために事前に共通の話題を情報収集する
> ↓
> ⑥ 話法マナーを身に付け身構えずに明るくハキハキ話をする
> ↓
> ⑦ 相手（経営者／経理責任者）が関心を持つ話から切り出す
> ↓
> ⑦ 事実を確認して具体的に褒める材料を探して話を進める
> ↓
> ⑦ 質問方式は多用せず確認話法で相手の口を開かせる
> ↓
> ⑦ 相手の話から何を求めているかを引き出し攻略方法を考える
> ↓
> ⑦ 初回訪問は長居をせず課題を持ち帰り次回訪問につなげる
> ↓
> 次回訪問

---

②事前に共通の話題を情報収集する

⑦飛び込み訪問の場合

　訪問先に対する十分な情報を持たない飛び込み訪問の場合の初回訪問は、「自行庫の取引先として適当かどうか」をポイントにおいて観察条件を前もって決めておくことが有効です。ただし、飛び込み訪問といっても、まったくの知識なしに目に付いたところに飛び込んで活動をするということではなく、事前のアポイントが取れなかったケースです。

　訪問先の業種や業界の特性、また業界環境など一般的に得られる情報については、最低限、訪問前に捉えておく必要があります。

⑦事前計画訪問の場合

　事前に計画を立てて訪問する場合は、事業性評価シート等を用いてあらかじめ定性面を捉えて訪問します。この場合、当該企業の概略などは頭に入っているわけですが、初回訪問では会話を弾ませることが後のセールスへの発展のポイントとなるため、初回訪問時の相手との共通の話題を想定したり、面談ストーリーをあらかじめ構築したりしておくことが効果的です。

　訪問時は把握した事前情報の中から、さらにヒアリングを進めたい事項をトークの形で準備していくことが大切で、これが会話のキャッチボールにつながります。2回目以降の継続訪問へのキーポイントが初回訪問時のトークにあることを、十分承知しましょう。

■ポイント■

・飛び込み訪問といっても何の情報も持たずに訪問することは、相手にも失礼にあたるので、最低限の事前情報は入手しておくことがマナー
・あらかじめ面談ストーリーを構築しておく

③話法マナーを身に付け明るくハキハキ話をする

　初回訪問では、通常の営業マナーとともに、話法マナーが特に重要になります。

　初回訪問は第一印象が最も重要となり、その時の話法マナーと話の内容がその後の訪問に大きな影響を与えるので、十分に気を配ることが必要です。話法マナーには相手の話を上手に聞き取るためのヒアリングマナーも大切です。

　話法マナー、ヒアリングマナーとしては次のものがあります。こうした話法マナーは取引以前の問題となりますので、必ず身に付けておきたいものです。

- ・敬語や敬称をしっかり使う。なれなれしい言葉は使わない
- ・挨拶は明るくはっきり、訪問内容は明瞭、簡潔に言う
- ・話は笑顔で、ユーモアを交えて、語尾を明確に発言する
- ・話の内容に合ったトーンで話をするとともに、聞き役に徹する
- ・ひとつずつ確認を取るような話し方が効果的で、必要なことは、相手の了承を得てメモするなど真剣な態度を崩さない
- ・適当なタイミングで相槌を打つ。相手が自信のある発言をしたときには必ず褒める。ただし、慇懃無礼にならないように注意する
- ・たとえ、相手の話が事実と違っていても、訂正や否定をせず、また議論をしない。どんな場合にも感情的にならない
- ・テンポよく自信を持って話をする。おどおどした態度はしない
- ・世代に限定した若者言葉や表現に注意する
- ・押し付けがましい話はしない。自分の自慢をしない

・他の会社、取引金融機関の悪口は言わない
・相手のレベルや状況に応じた話の内容とし、話し方を工夫する
・辞去するときは、次回訪問への予告と訪問目的を明確に伝える
・話し言葉や話す内容は常にコンプライアンスを意識する

④経営者が関心を持つ話題から切り出す

　相手が関心を持つ話をするポイントは、創業からの苦労話や努力を理解しようとする態度、自尊心を高揚させる話の展開を心がけることです。

　さらに、会社経営における実態や不安要素など現在の様子を確認しながら、将来への構想を少しずつ聞いていく姿勢が有効となります。

金融機関の貸出金利が上昇傾向にありますが、お取引の銀行さんからは、すでにこのお話は打診があったのではないですか

為替相場が動いていますが、ご商売への影響と今後の動向について、社長はどのような見方をされますか

先日の特別セールのチラシを拝見させていただきました。かなりのご盛況だったとお聞きいたしましたが、いつもタイミングのよい企画をお考えですね

今度、ご同業の組合理事にご就任されたとお聞きしました。いろいろご苦労もおありでしょうね

> ・相手の苦労や努力を理解するように努める
> ・企業の実態や不安要素を聞くことで、将来構想を語ってもらう

⑤具体的に褒める材料を探して話を進める

　褒めるというのは簡単そうに見えますが、決してそうではありません。褒めすぎると嫌味に取られることもあります。

　事実を確認しながら、具体的に褒める材料を探すことがポイントで、言葉の使い方は、褒めすぎないこと、見え透いた美辞麗句を並べないことが大切です。

コスト削減が叫ばれる中で、御社は生産拠点を東南アジアへ移されるなどして大変ご立派な業績を上げられておりますね。ぜひこの要因をお聞かせください

上司から、『業績がすばらしい御社と取引が構築できないようでは、地区の事業所担当として失格だ』とハッパをかけられてまいりました

同業他社が売上増加に苦労されているのに、御社が右肩上がりに推移している理由をぜひお教えください

■ポイント■

> ・事実を確認しながら褒める材料を探す
> ・見え透いた美辞麗句は言わない

⑥確認話法で相手の口を開かせる

　質問形式で話を進めていくことをあまり多用すると、調査のイメージが強くなり、相手の口も重くなるなどして、会話も途切れがちになりやすくなります。また、受け取り方も決していいものではないでしょう。

　そこで質問は適度に抑えて、事前情報や観察から得た状況を確認する形で、話のキャッチボールによって、会話を膨らませるのがポイントです。

事務所の中に大変活気が感じられました。社長の経営姿勢が社員に徹底されていますね。私どもの支店でも見習わなければなりません

業績が順調に伸展している要因は、技術の特殊性とお聞きしています。特許を多くお持ちだと推測しますが、やはり社長の発想が中心でしょうね

■ポイント■

・質問形式だと調査のイメージが強くなるので多用しない
・事実の確認を話の中心に置く

⑦相手の話から何を求めているかを引き出して攻略方法を検討

　話の内容から、経営への悩みや課題を聞き取り、自行庫でできる範囲の対応を検討して、後日提案するかたちで了承を得られるようにします。その際、希望条件など、話を具体的に展開していくことがポイントとなります。

貸出金利が上昇しているようだけど、金融機関はどの取引先にも一律で金利引上げを交渉しているのかい

 御社のところへはメインバンクさんからは、どのような条件を打診してきましたか。内容次第では私どもにも一度検討させてください

新しい設備を計画しているのだけれども、資金面では、○○銀行の無担保枠を超えそうなんだよ…

 私どもにその設備計画をお教え願いますでしょうか。ご希望条件に照らして、検討してみます

借入金の返済期間を延ばすことは難しそうでね…

 今お借入れしている金融機関の対応にご不満のようでしたら、借入内容とご要望の条件をお聞きして期限の延長を検討してみましょうか

■ポイント■

・会話の中から自行庫でできる対応を検討する
・実際に提案する場合、希望条件を聞いておく

❷初回面談で次回訪問の アポイントも取得しよう

●初回訪問では課題を持ち帰り次回訪問を約束

　初回訪問は20分程度にとどめ長居しないほうが良いでしょう。これ以上初回訪問で長居をしますと、次回以降の継続訪問への課題や宿題が飽和してしまい、セールスの基本である継続訪問効果が損なわれやすくなるためです。

　なお、次回訪問予定は担当者から日時を提起して、必ず了解をとることが大切です。

本日は、社長のお話をお伺いしてたいへん参考になりました。お忙しい中、本当にありがとうございました。ご希望につきましては早速検討させていただき、ご提案させていただきます。〇月〇日の〇時ごろではいかがですか

新しい機械の導入により、売上高の増加が見込まれるとのお話を大変興味深くお聞きいたしました。次回訪問時にさらに詳しくお教えいただきまして資金計画について、ぜひお手伝いさせていただきたいと思います

売上増加がなかなか難しいとのお話でしたが、参考として、材料の一括大量仕入れや省力化機械の導入などによるコスト削減について、他社の事例などもご紹介します。来週、またご訪問させていただきますので、よろしくお願いいたします

店舗の拡大について、まだご不安をお持ちのようですね。計画の内容を教えていただければご決断のご参考として、投資対効果のシミュレーションをさせていただきます。当行はコンサルティング機能の発揮につきましても、全力で対応いたしております

アフターコロナにおける今後の売上挽回策について、いろいろお考えですね。私どもでもお手伝いできることがあれば、検討させてください。いつ頃から、どんな方策でどのくらいの売上増加をご計画なのか。計画内容についても一緒に考えさせていただきますので、ぜひ次回の訪問時に具体的な数値を教えてください。来週お会いできる日はございますか

■ポイント■

・初回訪問は 20 分以内が望ましい
・次回訪問は、訪問目的と日時をこちらで明示して了承を取る
・担当者から日時をいくつか提起して次回訪問のアポイントを取る

"

第 4 章

取引先の
資金ニーズを発掘する
アプローチトーク

"

■1企業実態をつかむための ヒアリングを押さえよう

①実態を確認して資金ニーズをつかむ

　取引先の資金ニーズを引き出すためには、いきなり切り込んでいくよりも、段階的にトークを通じて実態をつかんでいくことが肝要となります。その流れは以下のとおりです。

⑦取引先の実態面を話題にしてトークを切り出す

⑦取引先の悩みや経営課題に話を進めて
　取引につながる資金ニーズを聞き出す

⑦具体的な融資提案を行う

②実態面をどのように探っていくか

　では、資金ニーズ喚起のため取引先の実態面をどのように把握すればよいでしょうか。例えば、次のようなトークで確認しましょう。

> 毎日夜遅くまで工場が稼動していますね。帰りに通るたびに電気がついていますよ。順調に利益も上げられてご繁盛ですね

いや仕事と売上はあるんだけれど、儲からないんだ

 ご謙遜でしょう。でも利益の確保は大事ですから、社長のおっしゃる、儲からない理由を教えてください

 ずいぶんと工員の方々がおられますね。これだけの規模になりますと、人の管理もご苦労が多々あるでしょうね

いや〜人の数だけは多いけど、その分、管理も大変だよ

 利益も人件費の影響が最も大きいですからね。経費の削減はすでにされているでしょうから、あとは省力化ですね。機械設備の新設や人事管理ソフトの活用など人件費削減はご検討されましたか

 御社なら、メインバンクの○○銀行さんも足しげく見えて、情報もたくさん持って来られるでしょう

融資の要望には応えてくれるけど、とにかく対応が遅いんだよ。それに情報提供やアドバイスもあまりないしね

私どもは情報提供には自信があります。決算書を拝借できれば、同業種の同規模比較による御社の企業水準を報告します。ぜひご検討ください

③企業の悩みや経営課題に話を進めて取引につながる情報を聞き出す

例えば売上の低迷が課題であれば次のようなアプローチトークが考えられます。

先日は初めての訪問なのに、いろいろ教えていただきまして、ありがとうございました。たいへん参考になりました。ところで前回、社長から『売上の低迷』のお話をお伺いいたしましたが、本日この件で、もう少し詳しくお伺いしたいと思います。よろしくお願いします

売上が低迷しているとのお話でしたが、これは一時的な要因ですか。それとも根本的な理由でしょうか。今後の見通しについては、社長はどのようにお考えですか

現在の在庫状況は、月の売上に対してどの程度ですか。在庫の流通見込みはどうでしょう。在庫が整理できるまで運転資金が必要になりそうですね

ここまでは取引先の課題を「売上の低迷」としてアプローチトークを見てきましたが、そのほか以下⑦〜㋓のような課題があった場合のアプローチトークも考えていきましょう。

⑦売上の増加

売上が予想以上の伸びとのことでしたが、この状況はどのくらい続くと推測されますか。在庫も減少しているのであれば、新たな在庫手当も必要となってきますね

商品が時流に乗っていますから、これからも売上の上昇は続きますね。売上増加に伴う資金の調達はメインバンクの○○銀行さんで十分でしょうか。資料を拝借できれば、必要となる運転資金の額を、当行で試算してみたいと思います

⑦利益の減少・伸び悩み

利益の低迷は頭が痛いですね。生産コストは削減余地があるかもしれません。価格競合は今後も続くと思いますが、今後の価格見通しについてはどうお考えでしょうか。経費もきっと削減できるはずです。一度経費の全体的な見直しをさせていただけませんか

受注は順調にあっても、元請企業からの価格要求が厳しくて、悩んでいる企業がたくさんあります。でも、新しい設備投資による増産で、生産コストの削減を狙えそうですね。当行で試算してみましょう

⑦資金繰りの改善・資金調達の不安

毎月の返済額の負担が大きく、中長期での資金繰りにご不安をお持ちのようですね。決算書を拝見させていただければ、『借入金に対する短期借入金の比率』や『長期借入金の返済期間と見合いの設備投資との期間比較』、また『長期借入金の数』などに基づいて、資金繰りの改善を検討します。社長のお話から、資金回収の安定性については問題ないようですので、キャッシュフローから長短借入金のバランスを見て、毎月の返済額を再構成してみます。この場合、メインバンクからの借入金を私どもでまとめるかたちになります。保証協会枠と不動産の担保につきましては、後日ご提案の中でご説明いたします

⑨不動産の取得・不動産の売却による債務の軽減化

先日のお話で、販売店舗の拡大計画をお聞きしたのですが、当行もこれを機会に、何とかサポートさせていただきたいと願っております。現在総力を挙げて、ご期待に沿えるような不動産物件を探しております。新店舗開設計画にかかる投資シミュレーションを含めて、近日中にはご報告とご提案をさせていただきたく思います

資材置場が手狭のように感じましたが、いかがですか。今後、広い土地への移転をお考えでしたら、ぜひ私どもにお手伝いさせてください。用地の条件など、ご希望に合わせて都度、不動産会社などを紹介させていただきます

先日、社長から債務負担の軽減化を目的に、御社所有地の売却のご計画をお聞きしました。業種的に構造不況型で先行きの見通しも明るくないとのことで、また経費コストの削減も限界と伺いました。社長のご決心が固いようでしたら、ぜひ、当行でお持ちの遊休不動産の活用、また処分における具体的なご提案をさせていただきたく思います

④具体的な融資提案を行う

　訪問時の話法は「〜ですか」の質問形式を多用しないで、ある程度の推測や予想を話して、これに呼応する形で相手の口を開かせることが効果的です。そのためには、事前の調査をしっかり行うとともに、初回訪問から面談時の仔細な情報も聞き逃さずにメモをしておくことが大切です。経営者がふと漏らした言葉に経営への悩みや不安が多いのも事実です。

このたびは、ご提案内容につきましてご了承いただきまして、本当にありがとうございます。早速ご説明申し上げます。途中、ご理解やご納得のいかない部分や新たなご希望がございましたら、都度ご指摘ください。では説明に入らせていただきます

ご提案内容は、あくまで私どもの考え方を示したものです。社長からの融資条件などに対するご要望がございましたら、検討させていただきますので、何なりとおっしゃってください

コロナも落ち着いて売上も回復してきたが、収益につながらなくてね…

 販売価格の転嫁はなかなかできないようですね。材料費・外注費の見直しや配置人員などを考えて、機械のオート化による人件費の削減など、いろいろな角度から対応策を検討させてください

製造機械を最新型に入れ替えたいが価格が高くて迷っているんだ

 私どもで設備投資が妥当かどうか、シミュレーションさせてください。購入全体費用、資金計画、また今後の売上および収益予想などを教えていただければ、無理のない返済期間の設定など、新しい機械の導入について具体的なアドバイスができると思います

■ポイント■

・自行庫の特徴（情報提供能力）などを積極的にアピールする
・相手企業の弱いところを把握しその見直し策を提示する
・財務面での支援を目的とする提案であっても、トークにおいては「支援する」というような上から目線の言葉は避ける。「協力する、お手伝いする」が好ましい

② 経営者との対話で取引先の経営姿勢なども確認しよう

①取引に適切な先か見極める

訪問時の観察は、その取引先との取引が自行庫にとって適切かどうかを見極めるために大変重要です。初めの段階でそれを見誤ると新規開拓・取引深耕の効果が発揮できないばかりか、取引先の融資への期待が先行するなどして後々面倒な状況になることも考えられます。そうならないためにも、まず取引先の全体像、経営者の個人像などについて、あらかじめ視点を定めて観察することが必要でしょう。

訪問面談時間は、話が盛り上がったとしても、一回20分以内をメドにします。訪問の度に長居をすると話題が枯れやすく、以後の訪問ができにくくなる可能性があるのです。訪問を継続させるには、資金ニーズを導き出すための情報収集につながるように話を組み立てていくことです。話の中から次の訪問目的を構築することを考え、提案営業への土台づくりとなるトークを展開しましょう。

訪問の都度構築した課題を報告することで、継続訪問の効果が高まり、相手もこちらの訪問を歓迎してくれるようになってきます。

②経営者とのトークから経営姿勢や方針・ビジョンなどを把握

自分の会社の将来像について、年次を追って事業を伸展させるだけの意欲と具体的な目標数値などのビジョンを持っているか、また経営者として、景気の見通しや、業界の動向、商品の売れ筋見通しなど、幅広い視野で見識や課題をつかんでいるかなどを観察していきます。

社長は将来、会社をどのようにご発展させていこうとお考え
ですか。現在、具体的な計画などがございましたら、ぜひお
聞かせください。お役に立てるご提案を考えてまいります

３年間で売上はどのレベルまで引き上げるご計画でしょう
か。売上増加計画については、製品の種類や扱い品目の増加
や変化などもお考えになられていますか

景気の見通しについてどのように予想されますか。業界の動
向は今後どんな方向に行くとお考えでしょうか。商品の売れ
筋見通しについてもぜひ教えてください

③経営計数の把握状況から経営者の財務関与度合いを捉える

　中小企業、とりわけ零細企業では、経営者が売上高から売掛金、在庫
額、また諸経費率から各々利益率、損益分岐点などについて、時系列で
把握していくことが求められます。これらへの話を進めることで経営者
の財務に対する関与度合いやレベルを捉えることができます。

ここ３ヵ月の売上高の推移はいかがですか。売上増加により
在庫が減少していませんでしょうか。適正在庫から考えて、
在庫手当てが必要とお考えでしたら、ぜひお話をお聞かせく
ださい

収益が安定されているとお聞きしております。売上高は月に
よって変化があると思いますが、損益分岐点売上高はいかほ
どでしょうか

■ポイント■

- ・具体的な数値の推移を聞くことができれば話が弾みやすい
- ・話のタイミングや流れをよく考えながら、相手から質問を出されるトークを心がける

▼経営課題から資金ニーズを発掘するためのアプローチトーク①

企業の悩み、経営課題	主な悩み、課題のポイント	主なヒアリングのポイント
❶ 業績不振、業績の低迷	売上の低下、伸び悩み 利益の減少、伸び悩み 価格競合の激化	売上の低下、伸び悩みの要因は何か ・一時的か根本的原因か、今後の見通し ・在庫の状況（月商比在庫） 利益の減少、伸び悩みの要因は何か ・生産コスト、元請の要求、価格競合、経費の増大、今後の価格見通し
❷ 業績における将来不安 （構造不況型業種）	商品の時流からの退化 少子化による需要低下 高齢社会による需要減	商品の時流からの退化への対策はあるか ・将来の生き残り策、現状推移による見通し、現有技術による商品の転換、他社動向 少子・高齢社会による環境要因による需要減についてどう考えているか ・同業界の方向性、淘汰の状況、異業種への転換の可能性、資産利用による再出発
❸ 資金繰りの改善 資金調達の不安	月返済額の負担が大きい 中長期での資金繰りが不安 在庫増加による滞貨	資金繰りの中長期的な見通しを確認する ・借入金に対する短期借入金の比率 ・長期借入金の返済期間と見合いの設備投資との期間比較 ・長期借入金の数 ・資金回収の安定性 キャッシュフローの考え方を聞く ・お金の調達と流れを的確に掴んでいるか
❹ 後継者の不在	跡取りがいない 子供が跡を継がない 能力のある後継者がいない	後継者がいない、事業継続意欲はあるか ・優良企業の場合＝M＆Aへの考え ・業績不振企業の場合＝廃業、縮小の考え M＆Aの売り企業の発掘ポイント ・代表者が60歳以上の創業社長で後継者不在 ・特殊な技術、強力な販売網、人材を有する

提案へ進むセールストーク	資金ニーズへの展開
売上が伸びている場合の運転資金を検討する ・売上増加→在庫減→新たな在庫手当→在庫仕入れ資金 売上が低下、伸び悩んでいる場合、その原因をカバーできる要素をみる ・売上減少→滞留在庫→在庫の流通見込み→企業体力→在庫資金 利益が減少、伸び悩みは原因から支援を考える ・生産コストの削減→経費の節減→省力化→企業体力→省力化資金	増加運転資金 減産資金 在庫資金 省力化設備資金
生き残り策としての支援を検討する ・新商品の開発、技術再利用による商品転換、規模縮小、省力化、他部門、他業界への転換 資産利用による再出発を試算する ・資産売却による債務軽減化、資産再利用または廃業による再出発計画 ・資産の体力がある場合、不動産賃貸業などへの転換	商品開発資金 　（長期運転資金） 資産利用による 　事業計画資金
キャッシュフローから長短借入金を適正なバランス、返済額へ再構成する ・長期借入金の中から一本化できるものをまとめ、月々の返済負担を減少 ・返済期間の短いものを適切な期間へ切り替える ・他金融機関分は貸出条件緩和債権を回避＝肩代りとする 資金調達の不安 ・経営改善計画の構築、遊休資産の入担、保証協会枠の確認	長期運転資金 つなぎ資金 他金融機関肩代り資金
M&Aを考える場合、売り手企業としての価値を検討して売却をすすめる ・技術力（特殊技術、知的財産権など）に優れているか ・強力な販売網、特殊技術を持った人材が存在するか ・財務内容に傷がないか（長期的に安定収益企業であること） 廃業、縮小を検討する ・財務清算価値をみて、債務が残らない形での廃業、転換を検討する	

▼経営課題から資金ニーズを発掘するためのアプローチトーク②

企業の悩み、経営課題	主な悩み、課題のポイント	主なヒアリングのポイント
❺ 後継者の育成	後継者の能力が不十分 若年で勉強意欲がない 社員の信頼に欠ける	・後継者の能力不足や信望不足について教育への方策を行っているか ・後継者へ責任能力を示す機会を与えているか（自社株の取得など） ・現代表者と経営における意見の相違は何か ・オールラウンドで仕事を把握できる立場を与えているか
❻ 社員のモチベーション 教育の向上 社員の高齢化 人手不足（技術者不足）	社員が定着しない、仕事意欲が低い 社員の平均年齢が60歳を超え、新人もいない 有能な営業担当者や技術者が欲しい	・企業としての経営方針、経営理念があるか ・方針や理念が会社内で具現化しているか ・労働に関する法律が遵守されているか ・有能な人材を確保するための採用条件はどうか（賃金、労働条件、福利厚生面など） ・経営者が社員とのコミュニケーションを頻繁に図っているか ・朝礼の励行、話の内容はどうか
❼ 販路の拡大	販売拡大による売上増加 ビジネスマッチング	売上の増加について聞く ・売上増加原因は何か、一時的か継続するか ・人件費や仕入費用はどのくらい増えるか ・売上の回収状況と支払サイトはどうか ビジネスマッチングへの興味を聞く ・販路拡大、仕入多様化への要望を探る
❽ 設備の老朽化 新設備への投資不安	設備老朽化による受注減 投資対効果による不安	設備の老朽化によるデメリットを聞く（緊急性） ・老朽化によって受注減があるか（元請の要求） ・生産コストが上昇していないか ・事業継続と設備更新のバランス 新設備によるメリット、不安を聞く ・必要不可欠な設備投資か ・投資回収と利益メリットはどうか
❾ IT化	IT化の遅れの是正	なぜIT化が進んでいないか ・IT化の必要性は認識しているが資金がない ・IT化の必要性を感じていない 現在の製品（商品）管理状況を聞く ・販売管理、在庫管理、顧客管理など ・IT化しないで消費者ニーズにどう対応するか

提案へ進むセールストーク	資金ニーズへの展開
後継者の育成を支援する ・後継者サポートシステム（若手経営者の会など）への参加要請 後継者とのコミュニケーションを活発化する ・財務面の変化や見通しについて、定量面、定性面の双方からの自社分析を中心としたコミュニケーションを定例化する ・後継者の事業承継へのサポート体制を構築し、時期を提案する	後継者への自社株取得のための資金
・高齢者対策として 　急速な高齢化の進行に対応し、高年齢者が少なくとも年金受給開始年齢までは意欲と能力に応じて働き続けられる環境の整備を促す ・人材雇用条件の見直し 　同地域、同業種、同規模における給与体系、労働条件の比較 ・シルバーバンクの活用	人材教育関連資金 人材募集広告資金 「65歳超雇用推進助成金」 「人材開発支援助成金」
売上の増加により、これに伴う資金調達について必要額を算出して提案する ・増産のための資金：増加運転資金、設備増設資金　在庫仕入資金 　　　　　　　　　　人材募集用広告費　増加人件費 ・回収、支払条件による資金：つなぎ資金（回収、支払のバランス） 販路拡大を中心とするビジネスマッチング会への参加と同行支援	増加運転資金 設備増設資金 つなぎ資金 納税資金（利益の上昇）
設備を更新する場合と現状設備のままの場合を比較検討し、設備計画の試案を提示する ・設備計画試案の策定 　設備資金投資に基づく売上増加、売上原価（コスト）の削減（人件費の削減、労務費の減少など）等における設備対効果シミュレーションを基に、返済財源の確保、事業の継続性、生産製品の受注の安定性、利益の確保などを考慮する	設備更新資金 設備拡充資金
IT化のメリットについて説明する ・IT化により、売上増や収益拡大へのチャンスがあること ・競争の中でIT化が重要な要素であること ・IT投資に関する支援制度の活用 IT化は生き残りのための必須条件であることを認識させる ＝IT化の経費試算を提示する	設備資金 IT化教育、社員育成 関連資金 IT導入補助金

▼経営課題から資金ニーズを発掘するためのアプローチトーク③

企業の悩み、経営課題	主な悩み、課題のポイント	主なヒアリングのポイント
⑩ M&Aへの認識と情報不足	M&Aの理解を深める M&Aの情報不足	後継者がなく事業の廃止を視野に入れているか 従業員の雇用や長年の顧客を守るための方策はあるか ◎M&Aの売り企業としての条件を探る ・特殊な技術がある ・強力な販売網と人材を有する ・財務内容が良好である
⑪ メインバンクに対する不安	融資限度の設定 アドバイス機能への不満 融資条件への不満	メインバンクへの不満を聞き取り、状況をみる ・メインバンクの対応が遅い 事務対応上の問題＝企業の信用上ではない 融資判断上の問題＝企業の財務の悪化 ・融資条件を聞く ・顧客要望への対応状況を聞く
⑫ 不動産の取得、活用 不動産売却による債務の軽減化	遊休不動産の活用 利益による会社資産の増加 不採算、遊休不動産の処分	事業計画から工場設備、生産ラインの増加を把握 ・不動産の取得計画、規模、条件など 遊休不動産の活用、処分計画を把握 ・所有目的、利用計画、売却予定、 売却による債務軽減、適地の購入
⑬ アフターコロナ	「ゼロゼロ融資」返済不安 ビジネススタイルの変化 AI活用・デジタル化への対応遅れ	「ゼロゼロ融資」（実質無利子・無担保融資）の返済は順調か ・リスケ（リスケジュール）による月返済額の減額や返済期間の延長を検討する ビジネススタイルの変化 ・ネット通販＆ECサイト展開への考えを聞く ・キャッシュレス対応への進捗度と計画を聞く AI活用・デジタル化は進めているか ・人手不足解消についてデジタル化による業務効率化への考えはどうか

提案へ進むセールストーク	資金ニーズへの展開
M&Aの形態として「業務提携」「営業譲渡」「株式取得・交換・移転」「合併」といった形態があり、また会社の全部あるいは一部の売却もある ・支店でできる支援：営業の斡旋、不動産情報の提供、ビジネスマッチング、買い手企業に売り手企業を紹介する ・自行庫でできること、外部機関に委託することを認識して、本部との連携の中で企業実態に合わせた提案を行う	M&Aに伴う関連資金
メインバンクへの不満を自行庫でカバーできるかどうかを検討する ・メインバンクの取扱状況から企業の信用度を探る 　（融資条件：金利、融資限度、担保、保証人、今後の融資対応スタンス） ・条件的に企業メリットと自行庫メリットを生む提案を考える 事業計画でメインバンクがまだ知り得ていない資金計画に対してスピーディに提案書を作成し、具体的な話し合いに入る（新商品開発、工場拡充など）	肩代り資金 増加運転資金 設備拡充資金
事業計画から生産高（売上高）の確保への設備を検討する ・不動産物件の紹介、設備計画への協力、投資後シミュレーション 遊休不動産の活用、処分を具体案をもって提示する ・現状の維持に係る経費負担、将来の活用見通し（受注増など） 　などから企業の実態に沿って活用あるいは処分を提言	土地購入資金 設備資金
今後1～3年の売上計画、収益予想を「販売計画書」に算出して、これに見合った返済額、返済期間を提案する ・リスケまではいかなくても売上回復に至っていない場合には、補てん資金を検討する ビジネススタイルの変化への対応策を聞き、情報提供、資金の両面から自行庫が支援できる内容を検討する デジタルシステムの導入に対する設備投資の妥当性、返済の確実性についてシミュレーションする	経営支援のためのリスケ資金 補てん資金 増加運転資金 設備資金、IT化資金

第 5 章

決算書を
入手するための
アプローチトーク

❶決算書を入手するための アプローチを押さえよう

①決算書入手までの流れと留意点

　新規開拓先はもちろんのこと、既存取引先でも融資取引がないような場合、決算書を入手することが、融資の実行や取引深耕への近道となります。

---

　⑦決算資料のない取引先へのアプローチ
　　　　　　　　　OR
　⑦信用調査会社のデータ等から対象とする取引先へのアプローチ

　⬇

　⑦定性面での情報収集と課題を把握して
　　その解決提案を行うため決算書を求める

　⬇

　⑦定性面で決算書の裏付けをとりながら、決算書に問題ないか確認する

　取引先の実態把握には、決算書による「財務面」（定量面）の把握と、取引先の実情を見る「定性面」からの把握が必要です。決算書はもちろん重要なのですがあくまで過去の財務データであり、定性面の裏付けと検討がなければ、将来的な企業価値や、金融機関としての取引の適合性は判断できません。

　実践においては、単に決算書だけで実態を見がちですが、これは危険です。担当者の訪問に際しては、経営者との話の中で、「ヒト・モノ・カネ」を中心に経営の中身をしっかり把握することが大切です。決算書は取引先の実態把握のための元資料としての位置付けとして考え、取引先を幅広い視野から見ることが肝要となります。

■ポイント■

> ・取引の適合性を見るには定性面でもチェックすることが大事
> ・決算書はあくまでも実態把握のための元資料と考える

② 「資金は要らない先」への決算書入手アプローチポイント

　決算書を入手しようとしても、経営者から「資金は要らない」と言われることが大半です。とはいえ、経営活動をしている以上、取引先には何か課題があります。「資金は要らない」と言っても、次のような課題があると考えましょう。

> ㋐事業計画の将来資金の前倒し実行や経常運転資金を短期継続融資で調達することによるキャッシュフロー余裕化、季節資金先取融資、短期のつなぎ資金の長期資金による資金繰り余裕化
> ㋑他行保証協会付融資のプロパーによる肩代わり（保証料分の軽減）、手貸の証貸化、証貸の手貸化
> ㋒他行融資の一本化、返済期間の変更による月返済額の軽減、低金利の肩代わり
> ㋓賃借物件の自主所有化、減価償却の進行による設備更新、個人から会社の借入金の是正など

2 決算書確認の必要性を伝える アプローチトークを押さえよう

①決算書を入手するまでのトークの流れ

決算書を入手するための会話のフローとしては、次のような流れが考えられます。

 ㋐定性面の話題から定量面へ話をつなげて
決算書の確認の必要性を訴える

⬇

 ㋑定性面から取引先の抱える課題解決を把握して
決算書の提供を依頼する

⬇

 ㋒継続訪問により決算書を入手するための交渉を続ける

⬇

 ㋓決算書を入手したら面談で財務面（定量面）の事実確認をする

⬇

㋔財務面（定量面）の業績把握と定性面から取引の適合性を見る

⬇   ⬇

適合	不適合
資金ニーズ喚起のための提案、課題解決への提案などを具体的にまとめセールスする	決算書を分析して、『財務改善提案書』などに課題をまとめ、丁重に決算書を返却する

　初回訪問から目的も定まらないまま決算書を求めることは、避けたほうがよいでしょう。1～2回の訪問で決算書を渡されることもありますが、中には資金繰りに著しく窮している場合も考えられますので、相手の意図に十分な注意が必要です。

　なお、定量面とは、企業活動の結果としての財務関係のことで、これらのデータ分析を行うことで、収益性、安全性、成長性を見ることになります。

　定性面とは、企業活動の実態における企業の方向性を見ることで、これらの分析によって、企業の経営力を適切に評価することになります。

②定性面の話題から定量面へ話をつなげ決算書の必要性を訴える

　この段階まで来ているということは、すでに1～3回程度は訪問しているはずなので、定性面を中心に取引先の実態をできる限り把握して事実を認識しながら話を進めます。

　初回訪問から決算書を求めることは、財務良好先にはまず成功しないばかりか、その後の訪問も謝絶されやすいので注意が必要です。決算書を借り受けるタイミングは、相手との親密度が深まり、先方が決算書の提示によるメリットを受け入れる可能性を感じ取った時がよいでしょう。

　先日、社長から業界の事情について教えていただき、大変参考になりました。お返しといっては恐縮ですが、次回は当行の資料に基づきまして、同業種、同規模企業の平均水準の値を、御社との対比で報告させていただければ、きっとご参考になると思います。ぜひ、決算書を拝見させていただければ幸いです

先日の社長の経営ビジョンのお話の中で、企業体力の増強の
お話がとても印象的でした。本社地が借地であることは企業
の弱みに通じると思います。この際、先般お聞きした現在の
賃借料の範囲内で、自社所有地の取得をお考えになられたら
いかがでしょう。候補物件および不動産業者を合わせてご紹
介いたしますので、ぜひ、決算書を拝見させていただきまして、
当行に自社地購入の資金計画を試案させてください

■ポイント■

・初回から決算書のみを求めるようなことはしない
・取引先との親密度が深まってからもらうようにする

③定性面から課題を把握して決算書を依頼する

　理由もなく決算書を借り受けることには無理があります。取引先に
とって決算書を見せるということは、自分たちの会社の強み、弱みを知
らせることになりますので、金融機関は、対価として何らかのメリット
を与えなければ決算書は求められません。

　定性面である程度の実態を認識した後、提案というかたちで、金融機
関、取引先の相互でメリットを探求できる会話を心がけましょう。

先日お話の中で『売上面の低下がしばらく続きそう』とのこ
とでしたが、同業種の中にはすでに先を見越して、経費の見
直しなどで企業体質の改善に取りかかっている企業があり
ます。決算書を拝見させていただければ、経費面節約につい
てのご提案をさせていただくことができると思います

資金繰りの中長期の見通しにご不安を抱いておられるとのことでした。キャッシュフローから御社の長短期借入金を適正なバランスに変え、返済額の軽減を図る必要があるように感じました。ぜひ、決算書を拝見させていただき、資金繰り改善のための提案をさせてください

■ポイント■

・決算書を借り受ける場合は顧客のメリットを提供することが必要
・メリットの探求は、金融機関・企業相互で行う

④継続訪問により交渉を続ける

　いくら継続訪問を行ったとしても、取引先から拒絶されることがあります。この場合の切り返しトークとしては次のような方法があります。

㋐実例法

他の金融機関に見せられるだけの決算はしていないよ

最初はどのお取引先もそう言われますが、実際に分析させていただきますと感謝されることが多いのです。改善点が見受けられれば、何らかのご提示ができると思います

㋑逆手法

他の金融機関に見せられるだけの決算はしていないよ

だからこそ拝見したく思います。決算書の課題から改善への
ご提案ができれば、社長にとっても今後の経営の参考になる
と存じます

⑦イエス・バット法

うちは○○銀行と長い付き合いがあって、そう簡単に取引銀
行は変えられないよ

おっしゃるとおり、○○銀行さんとのお付き合いは大切にし
てください。しかし、○○銀行さんとはまた一味違う情報の
ご提供ができると思います。お取引のお仲間に入れさせてい
ただくためにも、ぜひ決算書の分析・提案をさせてください

⑦先回り法

メインバンク以外には決算書を見せたことはないよ

大切なものですから、簡単に拝見できないことは承知いたし
ております。もちろん、お借り受けできたとしても他に公開
したり、流用したりするようなことは一切ありません。○○
銀行さんとはまた違う視点でのご提案を心がけます

■ポイント■

・決算書から問題点の発見に尽力することを話す
・秘密保持は絶対ということを約束する

⑤決算書を入手したら面談で財務面（定量面）の事実認識をする

　決算書を借受けできたら、その場で必ず一通り目を通すのがエチケットです。

　例えば売上高と利益の推移など、または定量面での課題が話に出ていた場合はその勘定科目を見ます。簡単な感想を添えながら、話の内容から事実を確認させていただいたお礼を述べるのがよいでしょう。

　定量面での課題から勘定科目を見るためには、売上高、売上原価、人件費・労務費、賃借料、営業外費用（支払利息・割引料）などの水準を見ます。

　その上で、キャッシュフロー計算書から企業全体の事業活動におけるお金の動きを捉えて、正常に回転しているかを判断していきます。

　決算書をお貸しいただきありがとうございます。お話のとおり、売上面の低下がそのまま収益に影響しているように見えますが、経費面の節減で乗り切れるはずです。ぜひとも当行のお手伝いできる範囲で、ご融資の提案をさせていただきたいと思います

■ポイント■

・決算書をもらったらその場でまず目を通す
・話題に出た勘定科目について、内容をヒアリングしておく

⑥財務面（定量面）の業績把握と定性面から取引の適合性を見る

　定性面とは、経営のシステム分析により将来的な企業の方向性を見ることです。経営資源のヒト・モノ・カネを捉えることで、具体的には、「製品・商品の内容や特長、販売方法、流通システム、価格、競争力など」

「経営ビジョンや経営方針、経営スタンスなど」を見ていきます。

売上、利益ともにここ1年で急速に増えていますね。すばらしいことです。販売先の拡大や新商品の販売促進などが急成長の要因かと推察しますが、ぜひ社長のご苦労話をお聞かせください

売上面で減少が窺われますが、減少幅に比べて経費面の削減が進んでいないように感じます。今後売上の上昇が期待できる要因がございましたら、ぜひお教えください。もしこのまま続くようでしたら、役員給与の削減など、思い切った固定費の改善が必要となりそうですね

創業時に社長個人から借り入れたお金が残っているようですが、収益が継続して好調ですので、この機会に会社借入により社長への返済をご検討されたらどうでしょうか

減価償却が進んでいますね。機械や車両の入れ替えのご予定はありますか

■ポイント■

・設備資金や運転資金のニーズから将来的な取引先の方向性を判断する
・経営資源であるヒト・モノ・カネの推移を時系列で捉えておく

❸ ケース別・決算書入手のため こんなトークを展開しよう

① 初めから決算書を求めると失敗しやすい

　取引先の経営実態や決算内容を十分に把握していない状況、あるいは会社要覧などだけで直近の状況について調査が不十分な場合などは、決算書を借り受けた後に、問題が生じる場合が少なくありません。融資契約を前提とするようなトークはコンプライアンスの観点からも避けるようにします。

■避けたいトーク例

> ご融資をぜひお願いしたいので、決算書を拝借できないでしょうか

> 決算書を拝見させていただければ、ご要望に応えられるご提案をいたします

　——このような会話は、融資実行を前提とした提案になりかねないので、厳に慎みたいものです。

② いきなり決算書を渡してきたらどうするか

　いきなり決算書を渡してくるケースでは、その場で必ず収益状況と収益構造に目を通して、面談の初期段階で手渡してきた目的を確かめます。手渡された以上、受け取ることは拒否しにくいものですので、とりあえず決算書を受理し、「検討する」「分析する」といった言葉を用いて、融

資を確約したような誤解を招く言葉は避けるようにします。

　ただ、実権者との面談が１～２回にもかかわらず、決算書を渡してくるのには、次の⑦～㋓のような理由も考えられますので、相手の狙いや目的をよく見極めて対処する必要があります。

⑦決算書を自慢したいケース

　内容面で問題がない代わりに、資金需要も少ないケースです。メインバンクの対応で十分に満足している場合が多いと考えられます。

　すばらしい決算内容ですね。一度、同業種、同規模企業との比較分析をさせていただきたいので、預からせてください

㋑資金調達できる金融機関を求めているケース

　内容が芳しくなく、キャッシュフロー上から、当面の資金調達を必要としていることが少なくありません。細心の注意を要します。

　決算内容の分析をさせていただいて、どの程度の対応が可能か検討してみます。もしかすると、ご希望に添えないかもしれませんが…

㋒決算書についてメインバンク以外の意見を聞きたいケース

　内容面でのマイナスは若干自覚しているが、メインバンクの対応にも不満を持っているような場合です。

　メインバンクの分析内容はご存知ですか？　社長とのご意見の相違などメインバンクにご不満な点がありましたら、教えてください

㋖他金融機関からどのくらい融資が受けられるか確かめたいケース

　当面の資金ニーズは見当たらないが、自分の会社に対してメインバンク以外の金融機関が、どの程度の融資判断をしてくるか確かめたいと思っているような場合です。

> 私どもは金利だけの競争はしたくありません。将来的なものを踏まえて経営計画の中で具体的なお話をさせてください

③決算書を入手したらその場で財務面（定量面）の事実確認をする

　決算書を入手したら、今までの面談の中で話題となっていた財務面の変化を必ず見ます。相手の話のとおりか、あるいは予想以上の数値かをその場で確認します。ある程度の融資提案への見通しを話すことができればさらにいいでしょう。

> 決算書をお借りできました。ありがとうございます。お話のとおり、売上面の低下がそのまま収益に影響しているように拝見されます。ただ現状の範囲であれば経費面の節減で乗り切れるはずです。ぜひとも当行ができる範囲で、融資のご提案をさせていただきます

④財務状況から融資提案が困難と判断する場合

　決算書を入手しても、財務状況から、融資提案ができない場合も少なくありません。当初から、融資を行うことを明言しないで決算書を借受けできれば、それに越したことはありません。しかし、相手は決算書を手渡した以上、何らかのメリットのある提案を期待しています。できない融資ならば、「必ずできる条件を付加して明示する」ことを心がけます。できない理由をハッキリ述べて丁重に断りを入れることがマナーです。

先日、決算書を拝借いたしまして、ありがとうございました。社長から、業種的に構造不況型で先行きの見通しも明るくないとのお話があり、また経費コストの削減も限界と伺いました。当行でも、いろいろな角度から、何らかのご提案ができないかと考えましたが、難しいという結論に至りました。さらに詳しくお話をお聞かせいただき、別の支援を検討させてください

⑤定性面から提案を行う

　定性面の切り崩しで提案営業に結び付けるには、次のことを意識して、情報収集のアンテナを高く立てて話をすることがコツです。

・製品・商品の内容の変化に対応する長期運転資金、設備資金
・販売方法や販路拡大に準じる長期運転資金
・支払条件、回収条件の変更による長期運転資金
・価格、競争力の強化のための長期運転資金、設備資金

　定性面である経営システムや商品流通システムの変化に対する課題から資金ニーズを構築して、これを融資により解決するかたちで提案にもっていくようにセールストークを展開していきます。

　決算書は相手にメリットを理解させることで、スムーズな借受けにつながるのです。

元請けからの新しい仕事には期待が持てそうですね。月間売上高の予想はどの程度ですか。決算書を拝見させていただければ、納品から資金回収までの期間を計算して、今回のお仕事にかかる必要運転資金を計算してみます

価格面での競争激化が収益率を下げていますね。生産性の改善による収益回復をお考えになられたらいかがでしょう。設備投資による経費削減効果をシミュレーションしてみますので、ぜひ決算書をお貸しください

⑥勘定科目から資金ニーズを覚醒させるトーク

決算書を借り受けた時点で、個別の勘定科目にも注目してみましょう。そこから資金ニーズを発掘したり、提案に結びつけたりすることも可能です。

 賃借料が載っていましたが、不動産の借地などがあるということですよね。利益が上がっている現在、賃借物件を自己所有化されたらいかがでしょうか。借地の買上げができないようでしたら、当行でご希望物件や不動産業者をご紹介できます

 減価償却がだいぶ進んできていますね。機械設備や車輌の老朽化が見られると思いますが、買換えをお考えになられていますか。設備計画に応じた投資対効果のシミュレーションを作らせてください

 会社の設立時に社長が会社へ貸したお金がまだそのまま帳簿に残っていますね。個人へ返却されたらいかがでしょう。会社へのご融資を検討させていただきます

●決算書入手までの「定性面」の確認フロー

①取引の適合性を見る

▶業者間の風評、技術や商品のレベル、特色、販売力や販売地区、地域での評判などは、事前に多方面から調査しておくことが望ましい

②企業体質をチェックする

▶訪問により、取引先の建物、設備などのメンテナンス状況や、社員の応対態度、あいさつ、身だしなみ、清潔度などから企業のガバナンス状況を見る。経営者の経営ビジョンや姿勢が社員にきちんと伝わっているかどうかが分かる

③決算書を入手する

▶定性面からの切り崩しが提案営業に結びつく秘訣である。定性面で経営課題を捉えて、決算書を入手していくことが肝要である

第6章

事業性評価と
実態把握のための
アプローチトーク

① 事業性評価のポイントと 事業性評価シートを理解する

①事業性評価とは

　「事業性評価」とは、金融機関が財務データや担保・保証に必要以上に捉われることなく、企業訪問や経営相談等を通じて取引先企業の事業内容や成長可能性などを適切に評価して行う融資のことをいいます。ただ、事業性評価は通常の審査に加えて実施するものであり、事業性評価だけで融資の可否を判断するものではなく、決算書等のデータもバランスよく活用することが大事です。

②事業性評価がどうして必要か

　金融機関が融資を行う場合、決算書の財務データや担保・保証をもとに融資の可否を判断することが一般的ですが、この手法だけでは成長力はあるものの、財務内容が伴わない企業では事業に必要な資金の調達ができないことがあります。

　このままでは、成長性が期待できる取引先や有望な事業計画を持っている企業が、資金的な制約のために思うような事業展開ができないことも考えられるため、事業性を評価した融資を推進していくこととしたのです。

　特にコロナ禍を経て、ゼロゼロ融資などの債務の返済負担が重くのしかかる取引先を支援するには、金融機関による事業性評価を通して、強み・弱みの分析、適切な改善アドバイスが欠かせません。アフターコロナにおいて、事業性評価の重要性はますます高まっているといえるでしょう。

③事業性評価をどのように行うか

　事業性評価融資の取組みでは、取引先が自行庫の融資対象先として適当かどうかについて、まずヒアリングによって定性面を中心に見極め、次に決算書に基づいて定量面を分析して、融資の妥当性を判断します。

　事業性評価は概ね次のような流れで進めていきます。

㋐対象とする企業の決定

- ▶事業性評価を通して取引先の成長が見込まれ、取引先・金融機関双方においてメリットが期待できる先を優先して対象先とします

㋑事前調査を行う

- ▶既存取引先については、業種特性や企業環境などあらかじめ把握している内容を確認しながら、将来的な事業運営の方向性や企業課題を調べていきます
- ▶新規先については、インターネットなどの情報媒体を活用して、可能な範囲の情報を事前に収集します。ただし、初期段階ではコンプライアンスの観点から開示されていない事項の調査は必要以上に求めないほうがよいでしょう

㋒事業性評価シートを活用しヒアリング

- ▶事業性評価シートを活用して、事業内容・業種動向・SWOT分析（企業の強み・弱み）・将来ビジョン・経営戦略等、あらかじめ定めた項目に従い、順序立ててヒアリングします

▶表面的な資金需要だけでなく、課題や将来計画における潜在的な資金需要につながる情報も集めます

エ情報を整理して課題を見つける

▶取引先が抱えている悩みや経営課題、財務課題に対する対応策・改善策を経営者に目線を近づけて一緒に考える姿勢を示します

▶企業課題や将来計画への助言などについて、自行庫が持つコンサルティング機能を発揮していきます

オ融資提案を検討

▶事前調査とヒアリング結果に基づいて、事業性評価融資のための情報がそろったら、自行庫として条件を整えた上で、財務面のお手伝いをするための資金提供（融資）を提案します

④事業性評価シートとは何か

　事業性評価融資を検討するためには、取引先の事業内容や成長可能性などを適切に評価する必要があります。そのために金融機関は、融資に適した評価をするために必要とする情報項目をあらかじめ定めておき、これに基づいてヒアリングを行います。この時に的確な情報を効率的に収集するために用いられるツールが事業性評価シートです。

⑤事業性評価シートの作成ポイント

　事業性評価シートは、担当者が実際に現場で使用できるよう、事務的に作成しないことがポイントで、枚数はできるだけ少なくするようにして、1～2枚が使いやすく、担当者の負担も軽くなります。

　ヒアリング結果を前もって何通りか並べたアンケート方式を用いている場合は、概して相手との会話がつながりにくい傾向があります。この場合は結果に至る理由などをヒアリングして、会話がうまくできるよう工夫しましょう。

　項目ごとの記入スペースは、ヒアリングした内容、結果を記入できるだけの枠を十分設けて、聞き取った事項は都度記入していくスタンスを心がけましょう。事前調査は必要以上に行わずに、コンプライアンスに留意してインターネットなどで一般的に開示されている内容に留めることがよいでしょう。

●事業性評価シートの例

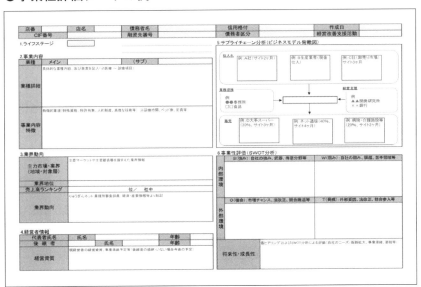

（出所）日本銀行「企業評価の課題と対応」

⑥事業性評価シートの活用方法

　事業性評価シートは、取引先の経営内容や経営環境、強み、弱み、あるいは将来ビジョンや経営戦略・事業計画など、取引先を知るための情

報を的確にヒアリングしていくための指針を示したツールです。

　事業性評価シートを上手に活用するコツは、収集する情報項目について、インターネットやその他の調査の媒体をできる限り利用することです。事前に調査できるものについては、調査結果を記入してポイントを捉えながら、この内容を確認するようにします。

　また、事前調査で把握が困難なためにヒアリングを通して把握しようとするものは、項目ごとに仮説を立てて結果・要因あるいは将来ビジョンを想定しながら質問していくことが大切です。

　ヒアリングをした項目の中から金融機関として、経営への協力や応援を必要とする課題を見つけて、経営者とともに解決に取り組む姿勢を示すことです。

❷事業性評価に必要となる取引先の概要はこう把握する

①企業としての「適格性」を確認する

　事業性評価は、その新規開拓先や既存取引先と融資取引・取引深耕ができるのかという「適格性」を判断することにも役立ちます。まずインターネットやSNS、信用調査会社の情報などを活用して事前に取引先の全体像を頭に入れておいたうえで、訪問するようにしましょう。

　トークの進め方のポイントは、自分が調べてきたことについて確認しながら、足りない事項は教えてもらうといった形をとることです。話をつなげていくために、感想などを述べながら相槌を打つなど、間合いの良いテンポを心がけます。質問しすぎないことにも注意しましょう。

②設立年月や従業員数など事前に調査した内容を確認する

事前にホームページで御社の企業概要を拝見させていただきました。法人設立から 10 年、従業員様も 20 名ということで、ご発展のご様子が窺われます。ご盛業でよろしいですね

法人成りしてからは 10 年だけど、その前に個人でも 5 年くらいやっていたから、創業からは 15 年になります。従業員は 25 名に増えていますよ

企業としては、拡大期に入られているのではないですか。さらにご発展されるために、いろいろなご計画もあるかと思います

③年商・経常利益など財務面を確認したいとき

御社の業界はいま時流に乗っていますから、最近の売上上昇も当然と存じますが、前期と比較して売上の伸びはどの程度でしょうか。業種的にも今後も安定した収益が予想されますね

そうだね、前期比で20％くらい上がっているね。売上はこれからも右肩上がりで伸びてくると思うよ。利益率は変わらないから、売上が上がれば、その分収益も上がってくることになるかな

売上見通しが先行き明るいとなりますと、期待が持てますね。売上増加に伴う設備計画などについても、ぜひ教えてください

④インターネット情報に基づいて、他社との違いを確認したいとき

インターネットでは、同じ業種でも取引先や取引環境あるいは取扱製品などによって、会社ごとの状況にかなり格差があると出ていましたが、御社ではいかがですか

そうだね、業務内容や取引先関係などでかなり格差が出てくるよ。業務内容の違いが企業格差につながっているよ

■ポイント■

・事前調査をした内容については、資料の出所を必ず明言する
・業歴や従業員規模など発展に準じて、その要因や過去の企業努力などについてヒアリングする
・年商などの数値はいきなり質問しない。売上の増減幅などを時系列でヒアリングして、推測した数値を投げかけながら、上昇か下降かの方向性を把握できるようトークを進める
・従業員数や店舗や設備の増設状況などから、取引先の発展経緯を推測して取引先の目指す方向や成長性を捉える

❸経営理念も確認して 事業性評価につなげよう

① 「経営理念」の重要性を理解する

経営理念とは、企業としての想いや方向性、目指すべき目標などを端的にまとめた言葉です。この経営理念を聞き出すことも、事業性評価につながる大事な取組みとなります。

ヒアリングの際には、今まで行ってきた経営者の企業努力を聞き取り、経営に対する思いを経営理念にどう込めているのか真剣に聞き出しましょう。話を誠実に聞いていることを経営者に認識してもらうようにすれば、トークが連続してスムーズに展開できるようになります。

②経営上大切にしていることや、取引先の方向性や将来的な事業領域をヒアリングする

事業経営を行っていく上で、社長が今後会社をどのようなお考えで経営されていくのか、また大切にしていることにつきまして、将来のビジョンや経営の方向性を含めてぜひ教えてください

長男が後継者にいるので、今のうちに売上や収益の安定化を図って、財務基盤を強くしておきたいんだ

後継者がご子息ならば心強いですね。これからさらなる企業発展が期待できますね。企業拡大を目指すために、設備など様々なご計画をお持ちだと思います。ぜひ、これらについて教えてください

③経営理念に対する具体的な内容をヒアリングして資金需要につなげる

売上増加を目指すとともに、継続して売上を安定化させるには、販路の拡大を含めた販売力の強化が特に必要だと思います。販売価格の改定や商品PRの強化、また新商品の開発など、目的に応じた方策の中で資金需要が出てきますね。具体的にはどのような内容で、いつ頃、どの程度の規模をお考えなのか、ぜひ教えてください

まだ、ほとんど白紙ですよ。メインバンクも関心を持っているみたいですけど…

当行も、ぜひご計画の仲間に加えてください。メインバンクさんとまた違った形で、今後の事業計画について細かいお手伝いができると思います

④経営理念の達成に自行庫がどのようなかたちで協力できるかを考え
　て、相手に訴える

私どもは地域金融機関ですから、担当者の訪問などによ
りメインバンクさんの手の届きにくい小さな相談や案
件にも対応いたします。また、地域の細かい情報などを
たくさん持っていますので、協力できる点も多いと存じ
ます

設備計画はまだ思案中でね。そんな急がなくていいよ

景気動向などから考えまして、今のうちに設備計画につ
いて資金のご準備をされておけば、ご安心と存じます。
ご計画の概要をお聞かせいただければ、投資対効果を含
めた全体の計画についてアドバイスさせていただくこ
とができます。一度シミュレーションをさせてください

■ポイント■

・インターネットやホームページで、あらかじめ経営理念（経営ビ
　ジョン）を把握できる場合、これを踏まえて話を進める
・将来的な経営ビジョンや方向性を観察することに目的を絞る。話
　が進まないうちに無理に資金ニーズに結び付けないことがコツ
・将来の計画などが比較的ハッキリしている場合には、時期や規模、
　資金調達の方法など、具体的なヒアリングを進める

4 適切な事業性評価のため 事業内容はこう聞き出そう

①事業内容や業務状況をヒアリングすることの重要性

　事業性評価の一つの核となるのが、取引先の「事業内容（取引先が行っている大まかな活動内容）」や「業務状況（各事業の現状や将来性など）」を知ることです。そこから取引先の強みや弱みが見えてきます。

　どんな事業を行っているかについては、「モノ・製品・商品・サービス」などの概要を中心にヒアリングしていきます。具体的な事業内容を上手に聞き出すためには、訪問前にあらかじめホームページなどインターネット情報等から業界動向や特性などを可能な範囲で「事業性評価シート」にまとめておくと効果的なトークができます。

　事前の調査は、訪問に対する真剣さを表すことにもつながります。

　面談時のヒアリングは事前情報を深掘りする形で、次のような項目を確認しましょう。

・取扱商品、製品の特性、優利性、ラインナップ
・商品・製品ごとの取扱比率、価格、採算状況
・営業基盤と主要販売先、受注先、主要仕入先、など

②あらかじめ調べてきた内容を確認する形で話を進める

　訪問させていただくにあたり、事前に御社の業界動向や事業内容などについて、ホームページなどインターネットで調べさせていただきました。ご確認をさせていただきながら、将来的なお話をお聞かせください

あらかじめ調べてきてくれたなら、話をしないわけにもいかないね

具体的な取扱製品・商品のラインナップは、どのようなものですか

③特殊資格や特許、高度技術などを把握している場合は、相手の自尊心に訴える情報により、話を進めやすくする

官公庁工事を安定して受注されている理由は、やはり技術的な信頼が高いということですね。ISO を取得されていることも大きな受注メリットと推察します

高度な技術をお持ちと伺いました。従業員の方々の能力も高く、人的資産も他社に誇れるということですね

④相手が事業内容について説明を始めたら、メモを取る。分からないことは質問するなど、真剣な態度とトークを心がける

うちはどこにも負けない機械設備を持っていてね。付加価値の高い製品を作っているんだ

その機械はどのような機械ですか。一台当たりの価格も相当高いものでしょうね。台数も多いのですか

具体的なお仕事の内容につきまして、詳しく教えていただき、ありがとうございます。メインバンクさんとのお付き合いも大事にしていただきながら、当行では相談機能の発揮など、メインバンクさんと違った形で、これからの事業のお手伝いができると思います

⑤ 今後の事業計画や経営の方向性をヒアリングしながら、メインバンクと自行庫との対応やスタンスなどの違いを考えながらトークする

ご相談やご融資などの案件につきましては、当行では担当者が訪問して承っております。社長や経理の方がわざわざ店舗に出向いていただくことはございません。例えば、向こう3ヵ月先、あるいは6ヵ月先までのキャッシュフローなども社長や経理の方と話をさせていただきながら、前もって資金準備のご相談に乗らせていただいてもおります

将来的な事業計画についても、コンサルティング的なアドバイスをしてくれるとありがたいけどね

もちろんです。先々のご計画を教えていただければ、いつでも相談に乗ります

　事業内容は業務全般を単純に聞き取るのではなく、そこに潜在する将来的な事業計画や経営の方向性を見逃さずに捉えます。数値のヒアリングにより、相手の話を一つひとつ具体的に理解しながら継続訪問への糸

口につなげるトークを進めていくことがよいでしょう。

　また、メインバンクとの違いについては、様々なご相談やコンサルティング機能を発揮できることを強調しましょう。

■ポイント■

> ・ホームページ・インターネット情報などから、事前の調査を行い、取引先の基礎知識を事業性評価シートに記載した上で訪問する
> ・事前情報については、出所を必ず明言して、前もって準備をしてきたことを相手に印象付ける
> ・あらかじめ知り得た情報は確認する。知らない情報は教えてもらうスタンスで話を進める
> ・適宜、相槌を打ちながら、話のポイントを絞って相手になるべく話をさせることがコツ。自分から話しすぎないよう心がけよう

⑥業務状況のヒアリングは企業特色を含めた事前情報に基づき行う

　業務状況は、あらかじめヒアリングする項目と内容を決めて、要領よく行います。ヒアリングの最中には、相槌を交えて、相手の話を理解していることを示しながら進めることが大切です。途中で分からない箇所や、さらに詳しく知りたい点があれば質問するなど、真摯な態度で臨むことを相手に印象付けることを心がけましょう。

御社の業界は競争が激しいとお聞きしていますが、今後の景気の見通し、商品・製品の売れ行き、売れ筋の見通しはいかがでしょうか

業界全体の見通しは明るくないけど、うちは大丈夫だよ

やはり他社より優れている企業特色があるからですね。
お取扱いの製品や商品の優利性、あるいは販路を含めた
販売方法など取引先から選ばれる理由や特長があるの
ではないですか。ぜひ、この点について詳しく教えてく
ださい

⑦営業活動・企画開発・製造・販売状況は、数値をヒアリングして具体
性を浮き出させる

既存顧客への販売強化や販路拡大など売上を伸ばすための
営業活動はどのようなことをされていますか。ここ3カ年、
あるいは直近3カ月の実績と比べて、どの程度の増加を予定
していますか。今後の売上計画についてお聞かせください

販売促進や生産性向上に向けた企画や開発へのご計画、また
製造・販売について、どのようなご苦労やご努力をされてい
ますか

製品の生産管理・販売管理、あるいは製造コスト・生産キャ
パシティなどについて、どのような点に留意されていますか

業種的に販売（生産）した後、お金が入ってくるまでにタイムラグが発生しますね。この間に材料仕入や従業員への賃金支払などの立替金が発生することが考えられますが、資金手当はどのようにされていますか

現状では、自己資金で賄っているから、大丈夫ですよ

今後売上の増加だけでなく、業務の多様化や大型化あるいは長期化によって回収までのタイムラグが今以上に発生して資金需要が活発になることが予想されますね。そうなると自己資金では限界が出てきませんか

その時は、メインバンクに頼むことになるね。融資枠もあるし、私の方で出向けばすぐに対応してくれるよ

私どもでは、社長がわざわざお取引銀行さんへ出向かなくても、訪問により融資のご相談を受けています。そもそも当行は日頃の訪問を通して資金のご入用が発生する前に、社長や経理の方とのお話の中で情報をキャッチするスタンスです。したがいまして、早い段階から必要に応じた資金準備をお手伝いできます

⑨経営者・後継者情報のヒアリングは個人情報に留意

 将来的なご経営に際して後継者の方への教育、育成などもお考えのことと存じます。当行では、後継者に対する異業種交流会や各種セミナーへのご参加を、お勧めしています。ぜひご検討ください

 事業が順調ですね。社長のご年齢から推測しますと、すでに後継者の方も育てられていると存じますが、いかがですか

息子が後継者でね。一緒に仕事をしているよ。近いうちに事業承継も考えてはいるんだがね

 事業承継につきましては、当行ではいろいろなコンサルティングやアドバイスができるものと考えます。もし、メインバンクさまから日頃の訪問がなく、情報の提供や融資案件のアプローチなどが少なければ、当行でお手伝いさせてください

■ポイント■

> ・売上高から売掛金、在庫額、また諸経費率などから利益率、損益
> 　分岐点などを時系列で把握しているか聞き取る
> ・事業の将来について、年次を追って事業を伸展させるだけの意欲
> 　と目標数値を持っているかなどを確かめよう
> ・入金と支払サイト、季節資金、月中資金のニーズ、収益構造（営
> 　業 CF・投資 CF・返済状況）を常に把握して対応していること
> 　も PR する
> ・メインバンクの動向や金利状況もヒアリングする。金利だけに捉
> 　われない自行庫のスタンスを、メインバンクの動きと比較して
> 　PR しよう

5 SWOT 分析とヒアリングで 強み・弱みを整理しよう

① SWOT 分析とは？

　SWOT 分析とは、市場規模や競合の状況、景気や経済状況など自社を取り巻く外部環境と、人材・財務力・立地やブランド力、価格や品質といった内部環境をプラス面、マイナス面にわけて分析することです。取引先が成長あるいは復活するために、経営資源の最適化などを行うフレームワークの一つです。

② 企業課題を企業支援につなげる

　SWOT 分析をベースに支援につなげるためには、外部環境と内部環境の両方を正しく把握・分析することが大切です。SWOT 分析を活用することで、今後の経営の方向性・戦略やビジネス機会を導き出したり、課題を明確にすることができます。

⑦ SWOT 分析に基づいて企業課題を聞き出す

会社のご発展の背景には、他社より優れている点や誇れる点があると存じます。他社との比較の中で、自社の製品、商品の特長あるいは御社にしかできないこと、また「売りとなる強み」をぜひ教えてください

特別に優れていることはないけどね

それでは反対に経営上の課題や、今後改善を要する事柄
があれば、どのようなことですか

企業課題や悩みはいろいろありますよ

もし、会社の成長を阻害する要因があるとすれば、どの
ようなことが考えられますか。具体的な内容を教えてい
ただくことができれば、課題解決への対策について社長
と一緒になって考えていきます

㋑今後の見通しと経営の方向性についての考えをヒアリングする

今後解決していかなければならない経営課題や問題点
に対して、社長はどのような改善策をお考えでしょうか

方策はいろいろ考えているが、投資対効果などに自信が
持てなくて実行に踏み切るには、少し迷っていることも
あってね

将来的に目指す経営規模や売上・利益、また取組みにつ
いて、数値を教えていただければ、ご計画の実行につい
て、ご相談しながらアドバイスができると思います

⑦ヒアリングした企業課題を一緒に考える姿勢を示す

売上が思うように伸びない中で、コストの削減が課題でね。従業員の家庭環境などを考えると人員削減もできないから、人件費も簡単に減らすこともできないよ

人件費の削減の改善策などについては、数値だけで結論を出すことは危険ですね。金融機関から見た人員削減計画の的確性や妥当性も一緒に考えます。そのほか省力化機械の導入により、人件費の改善をお考えになられたらいかがでしょう。具体的な数値を教えていだたければ、投資対効果についてシミュレーションしてみます

■ポイント■

・取引先の目的は収益を上げることであり、その主な課題は収益の改善に関する対策であることをまず頭におく
・収益の改善は、大きく分けて「売上の増加」「コストの削減」であり、これに対する具体的改善方法をアドバイス

③SWOT 分析の結果から取引先の強み・弱みを確認

　事業性評価（SWOT 分析）の結果から、取引先の強み、弱みを整理します。強みについては、これをさらに発展させる方策を、また弱みについては整理した経営課題ごとに改善策をヒアリングしながら、具体的な改善方法について、今後の計画や見通し、目指す方向について聞き取りを行います。

④ 「強み」は、「自社が選ばれている理由」をポイントに、自尊心に訴えるヒアリングを心がける

同業の他社さんに比べて売上が増加しているとお聞きしましたが、社長の会社が選ばれているということだと思います。業務内容の企業特色やメリットについて、他社とはどのような違いがあるのでしょうか

自分のところしかできない技術的なメリットがあってね。そこが大手さんに支持されて受注があるんだ

すばらしいですね。大手さんに評価されるとなると、絶えず開発を要するものもあると存じます。これからも企画・開発を続けていくためにお金も必要ですね

⑤ 「弱み」は、「これから改善したい点」にポイントをおいて、課題解決策を中心にヒアリングを心がける

企業経営の中で成長や発展を阻害している要因、あるいは同業他社と比較して改善を必要としている点はございますか

老朽化してきている機械があってね。これが原因で生産量が受注に対応できていない部分もあるんだ。ただ機械の金額も高いので、新しく導入するか思案しているところだよ

新規導入をお考えの機械の金額はおいくらですか。私どもで売上高の増加予想、そこから生まれる収益を考えて、導入に対する投資対効果を今後の売上予測に基づいて、何通りかシミュレーションしてみましょう

それはありがたい。高額な設備投資だから、私も自分だけの判断では不安があってね

⑥「強み」「弱み」について、将来的にどのように発展、もしくは改善していくかについて、協力する姿勢を示す

製品開発、商品販売のコンセプトに合わせ、現在の『強み』をさらに活かした経営がよろしいかと考えます。ぜひ私どもにお手伝いをさせてください

仕入価格がこれからも上昇していくとお聞きしました。売上原価にも影響してきますね。将来を見据えて、コスト削減を目的とした大量一括仕入の実施や、過剰在庫の防止などについても検討されてはいかがでしょう

御社の生産性は業界平均と比べて○ポイント以上優れており、それにより短納期を実現できると聞きました。今後はさらに受注を増やすこともお考えですか。販路開拓や受注が増えたときの管理体制などでニーズがありましたら、ぜひご協力させてください

・SWOT 分析では経営上の強み、弱みを「事業性評価シート」等
　を活用して整理する
・強みは自社の「売り」となる要因や他社との比較で「自らの経営
　だからできること」などを聞き取る
・弱みという部分では、「改善したい点」という言い回しを使うこと。
　克服できる課題か困難な課題かを検討する

6 収益改善・向上のための 取組みもヒアリングしよう

①収益改善に向け何に取り組んでいるかも大切

　取引先の目的は収益を上げることです。安定して継続的に収益を確保することにより、企業基盤を強めることを目指しています。金融機関にとっても、このような取引先との取引を増やすことが自行庫の発展には欠かせません。

　課題を多く抱える取引先では、経営者目線で経営課題に対して一緒に考えてくれる金融機関を求めています。課題が明確になっていなくても取引先は常に収益を高める方法を考えていますので、そうした取組みをヒアリングすることで、取引先の強みを把握でき、事業性評価につなげることが可能です。特にアフターコロナにおいては、収益性を改善する取組みの内容によって、取引先の将来性も変わってくるといえるでしょう。

　収益の改善の2つの方法（売上の増加・コストの削減）を見極めながら具体的な対策へ話を進めます。

②今後の収益改善策を聞き出すトーク

> 収益が下がっているとお聞きしましたが、収益改善の方法には『売上を増やすこと』『コストを下げること』のいずれかです。社長としては、どちらにウェイトをおこうとお考えですか

コスト削減には時間もかかるからね。売上を伸ばすことが先決だよ

 売上増加のためには、『販売先を増やす』『販売価格を上げる』『商品、製品のPRを強化する』『新商品、新製品を開発する』などの方法がありますが、いかがお考えでしょうか

今は売上増加を考えて、販売力を強化したいんだ

 新規の販売先や納品先拡大、新規顧客の開拓による販路拡大、そして今までの取引先顧客への販売強化ということになりますね。当行では規模の小さなビジネスマッチングへの協力も可能です。一緒に具体策について検討してみましょう

③コスト削減による収益改善について聞き出すトーク

 収益が下がっている中で、売上増加が思うようにいかないという状況とお聞きしました。対応策としては『コストの削減』が効果的と考えます。『売上原価を削減する』か、『販売管理費を減らす』ことになろうかと思いますが、社長としては、どのようにお考えですか

人件費が負担が大きくてね。でも人を減らしてしまうと売上が回復した時に対応できなくなってしまうのが心配で、踏み切れないんだ

 例えば、機械の一部見直しを図るなどして、従来のラインに従事してきた人員を減らし、その人材を他部門に回して生産性を上げるということもできませんか。

でも、機械の見直しって大変だし、お金もかかるだろう

 もし新しく購入される機械設備の概要等が分かるのでしたら、投資額と、人件費削減効果についてのシミュレーションをさせていただきたいと思います

 業績を改善するには、『売上を高める』か、『コストを削減し利益を増やす』という2つの方法が考えられます。売上は相手もいますので不透明なところがありますが、コスト削減は社内で進められるので取り組みやすいと言われます。御社は取り組んできましたでしょうか

実はコロナ禍を経て、そのあたり、デジタル化を意識して進めて、コスト削減、生産性向上につなげてきたんだよ

すばらしいですね。具体的にどのようなことに取り組んできたのでしょうか

例えば、経理業務については安価に利用できるＩＴサービスを利用して、経理にかける人数を一人減らすことができたのさ。その他、工程管理のデジタル化も進めていて、生産性を改善できそうなんだよ

そのあたりは御社の収益を大きく改善するポイントになりそうですね。どれくらい生産性が上がりそうですか

■ポイント■

・収益改善策を確認することは、資金ニーズ発掘のポイントと捉えよう
・収益の改善策は、具体的な提案にもっていけるよう数値をヒアリングする

第 7 章

業種別に見る
ニーズ発掘のための
アプローチトーク集

1 製造業に対して実践したい アプローチトーク

①アプローチのポイント

　製造業の場合、運転資金の需要は見込生産か受注生産かによって、材料・製品などの在庫資金の需要が違うので、仕入形態のヒアリングが欠かせません。材料仕入れから加工・仕上げ・納品、また検査・検収がある場合はさらに相応の期間を要するので、この間に材料の仕入れ資金や給与支払い等の日々の支払いと売上代金回収までのタイムラグが生じ、資金が必要となります。

　設備資金は合理化・省力化や人員不足への対応策としての機械の自動化や品質維持・生産性向上のための工作機械の更新、また事業の発展に伴う設備の増加、新設などの需要が考えられます。

②こんなトークでアプローチを行おう

製造業ですと、一般的に材料仕入れから売上代金回収までにタイムラグが生じやすいと考えられますが、御社ではいかがでしょうか。この間の立替代金などの資金については自己資金で賄われていますか

倉庫前で材料資材の搬入が頻繁に行われていましたが、売上好調の証ですね。ご繁盛の要因などをぜひお聞かせください

製品が時流に乗っていますので、今後さらに売上増加が見込めるのではないでしょうか。もし、工場の増設や設備の更新・フルオートメーション化などのご計画がございましたら、ぜひお手伝いさせてください

 人手不足が聞かれる業界ですが、御社はいかがでしょうか。将来的な予測も含めて省力化機械の導入はお考えですか

③アフターコロナを踏まえたアプローチトークで状況を捉えよう

 コロナ禍で対面営業ができなくなったり、定期的な訪問が途切れたりして、従来の営業活動がデジタルにより変化してきていると思います。一方で、製造業界ではデジタル化がなかなか進まないとお聞きしていますが、製品PR などの情報発信はどのようにされていますか

業界では動画サイトや SNS の活用が段々定着してきて、ウチも検討しているよ

 確かに動画サイトや SNS で技術や仕組みを公開できるようになり、PR の場は広がっていますね。アフターコロナではそうした PR 手法はさらに進展していくと思います。ものづくりの現場を公開したり、取引先や消費者との交流を盛んにする「オープンファクトリー」を開催して、御社の製品の魅力を発信することをお考えになられたらいかがですか

2 建設業に対して実践したい アプローチトーク

①アプローチのポイント

　建設業の場合、着工時から完成時までに相当の時間がかかるため、この間に支払いと回収のズレによる工事立替資金（いわゆる運転資金）が発生しやすくなります。このお金は工事代金回収金によって返済しますが、企業ごとに事業規模や業務内容、工事期間等に大きな違いがある業種であり、また営業スタイルも元請けか下請けかによって異なるため、資金ニーズも多種多様となります。

　設備資金については、売上増加による設備の新設・増設、機械老朽化による入替えや自動化による人員不足の解消、人件費の削減などの需要が見込まれます。

②こんなトークでアプローチを行おう

売上が好調ですね。工事の大型化や長期化によって代金回収までの期間が長くなっていませんか。元請けからの回収金が出来高払いですと、資金繰りへの影響がありそうですね

建設関係では、年末・年度末また決算期に資金需要が集中すると思いますが、この節の資金のご準備につきましては、どのようにされていますか

ブルドーザなどの重量建設機械が多く並んでいますが、老朽化などで買換えを必要とするものはございませんか。もしご予定がございましたら、ぜひ教えてください

建設機械置場が借地のようでしたら、今後自社所有地の取得をお考えになられましたらいかがでしょう。土地情報の提供にも協力させていただきます

③アフターコロナを踏まえたアプローチトークで状況を捉えよう

アフターコロナで建設業界のデジタル化の遅れが浮きぼりになったようにお聞きしています。生産性を上げたり、人材不足による現場の負担を減らすためにも、専用システムソフトの活用をお考えになられてはいかがでしょう

デジタル技術の導入で資材管理や工程管理、それに精算見積りもできるけど、お金がかかるよね

労働環境の改善や管理、作業の効率化などは直近の課題ですね。デジタル化に向けた対策につきまして、投資対効果の観点から私どもで導入の妥当性について検討してみましょうか

❸ 飲食業に対して実践したい アプローチトーク

①アプローチのポイント

　飲食業の場合、売上・仕入が一般的に現金で行われ、売掛金も短期で回収できるので、運転資金の発生は比較的少ないといえます。一方で、コロナ禍を経てキャッシュレス決済が進んでいるため、今後は売上から回収までのタイムラグによる資金需要が増加していくと考えられます。また、年末・年始など季節によって一時的に仕入資金の需要が集中するケースもあります。

　設備資金については、一定のサイクルで店舗の内装工事や顧客ニーズ・趣向の変化に合わせたデザイン更新など、大きな改修を伴うリノベーションが考えられます。また、コロナ禍にみられた感染防止対策や防犯システムの設置など、時流に沿った設備資金需要も考えられます。

②こんなトークでアプローチを行おう

仕入価格が上昇しているようですが、仕入コストの低減についてどのような対策をお考えでしょうか

最近では、クレジットカードやデビットカードだけでなく、電子マネー、プリペイドカード、さらにバーコード決済などが増えて売上代金の現金化までに運転資金が必要ではありませんか

競争の激しい業界ですが、他店との差別化をどのように図られていますか。集客力のアップのための工夫をぜひ教えてください

新規顧客の拡大について、どのようなお考えをお持ちですか。店舗リフォームやリノベーションなどのご計画があれば、ぜひお話をお聞かせください

③アフターコロナを踏まえたアプローチトークで状況を捉えよう

飲食業界は、従業員の離職による人手不足に加えて、コロナ禍による外食の敬遠が尾を引いた売上の低下、さらに感染対策に伴う設備投資への負担などが課題だと聞いています。そのうえ業務内容が煩雑になるなど、アフターコロナの課題は少なくないようですね

そうなんだよ。ウチも、ゼロゼロ融資の返済が始まっているのに、売上が伸びずに大変だよ

資金繰りに不安をお持ちのようでしたら、現状の借入れを無理なく返済するために、予想される売上と利益に照らして、返済額と返済期間を見直されてはいかがでしょう。一度シミュレーションしてみましょうか

4 小売業に対して実践したいアプローチトーク

①アプローチのポイント

　小売業は通常、現金回収が中心ですので、運転資金ニーズはあまりありませんが、飲食業と同様、昨今のキャッシュレス化の進展に伴い、現金外の販売比率が増加しているため、現金化までのタイムラグが発生して、在庫資金や給与の支払いなどに立替代金が必要となることがあります。また、消費者ニーズの変化やメーカーの商品開発の活発化等により、多種多様な商品の品揃えの必要性から、仕入、在庫資金の増加が考えられます。

　一方、設備資金については、EC サイトの利用拡大など、消費者の購買傾向の変化に対応したシステム投資、集客力強化を目的とした店舗改装や売場内装などへの投資、商品在庫管理のための倉庫建築などの需要が考えられます。また、セルフレジやキャッシュレス決済に伴う端末機器を導入するための設備資金需要も見られます。

②こんなトークでアプローチを行おう

インターネットによる購入が増えて、直接お店に足を運ぶお客様が減っているといわれていますが、来店客数や売上への影響はいかがですか

キャッシュレス化が進んで売掛金回収までに時間がかかる割合が増えていると思いますが、この間のご資金のご準備はどのようにされていますか

最近の消費者ニーズや購買傾向の変化に対して、御社ではどのような対策を実施されていますか。情報提供で何かお役に立てることがございましたら、ぜひご協力させてください

消費者が好む商品情報やトレンド情報はどのようにして取り込んでいますか。お店の特色、個性はどこにポイントを置いていますか

③アフターコロナを踏まえたアプローチトークで状況を捉えよう

コロナ禍を経てキャッシュレス決済の導入やオンラインでの商品案内・ネット販売が格段に増えましたよね。今後は自動化による業務の効率化、EC サイトの展開がさらに進みそうですね

そうだね。ただシステムの導入はお金がかかるし、ウチみたいな小規模企業では難しいよ

確かに大きな負担になりますね。ただ、消費者はネット通販への抵抗がなくなっていますので、売上を伸ばすには EC 需要は見逃せません。補助金も活用できるかもしれません。そうしたものを検討されながら、EC と実店舗を両立していくこともお考えになられてはいかがでしょう

5 卸売業に対して実践したいアプローチトーク

①アプローチのポイント

　卸売業は、店舗販売以外は掛け取引が多いため、決済資金が発生しやすい業種ですが、売掛金の回収も比較的速いため、資金繰りは支払条件によって企業ごとに差がみられます。季節商品や限定商品の仕入れを必要とする場合には、前払代金の支払いなどを含めた資金需要が発生します。

　設備資金は、運搬用設備の導入や更新、配送システムの合理化や省力化のための倉庫、物流センターの増設・新設、またオフィス業務の自動化に伴う OA 機器の導入なども考えられます。

②こんなトークでアプローチを行おう

 人件費、物流費が上昇しているとお聞きしていますが、御社の状況はいかがでしょうか。対策を講じておられるようでしたら、具体策をぜひ教えてください

 販売促進に対する小売店への情報提供や支援について、いろいろご提案されていると思いますが、主にどのようなことにポイントをおいていますか

 会社規模が年々拡大されていてご盛況ですね。現在の用地、設備では少し手狭ということはありませんか。近い将来、新たな設備投資のご計画があれば、ぜひお手伝いさせてください

御社では商品の特性から季節的に集中して仕入れを必要とすると思いますが、季節商品の仕入資金はどのような形でご準備されていますか

③アフターコロナを踏まえたアプローチトークで状況を捉えよう

 アフターコロナでは、売上の回復には販路拡大が一番求められると思いますが、コロナ発生前の売上まで戻ってきましたか。また今後の見通しはどうでしょうか

コロナで販売方法が変わってしまい、売上は伸びていないよ。これからも今までのやり方を続けていては売上増加は難しいかもしれないね

 確かにネットを利用した販売が多くなって、ビジネススタイルが大きく変化してきていますね。売上の増加はもちろん、コストの削減も含めて消費者の動向を踏まえたこれからの対策を一緒に考えさせてください

❻運送業に対して実践したい アプローチトーク

①アプローチのポイント

運送業は現金回収が多いため、決済資金・賞与資金等の短期資金以外の運転資金需要はそれほど多くは発生しません。ただ、運送業界は働き方改革関連法の施行に伴う2024年4月からの「運転手の時間外労働時間規制」により、根本的な業務の見直しが求められています。従来からの燃料価格の高騰、運転手の不足や高齢化といった課題に加えて、この「時間外労働時間の上限規制」により、さらなる労働環境の是正が必要で、今後はこれに起因、また派生する資金需要が多数発生してくるものと思われます。

設備資金についても、働き方改革関連法対策もあり、車両の増車・更新、燃費低減、環境問題に配慮したハイブリッド車等の低公害車の導入、さらに安全性確保・労働環境の向上のための設備購入などに伴う設備資金需要が考えられます。

②こんなトークでアプローチを行おう

働き方改革関連法に適応するためにいろいろご苦労されたと存じますが、具体的にはどのような対策を講じられてきましたか。またこれから行おうとしていることがございますか

新しい受注先の開拓や販路の拡大など、ご計画があればぜひ教えてください。業種的に事業の拡大には大きなお金が必要とみられますので、お手伝いさせてください

燃料価格の上昇やドライバー不足、高齢化といった運送業界の抱える根幹的な課題に対して、社長がどのような対応を考えていらっしゃるのか、教えてください

 トラックの積載効率を高めるために配送システムのコンピュータ化が進んでいると聞いています。今後ご計画のご予定がございましたら、ぜひ協力させてください

③アフターコロナを踏まえたアプローチトークで状況を捉えよう

 コロナ禍によってECサイトの利用者が増えて、個人配達を中心とした事業者様は売上が伸びたところも多いと聞いています。逆に特定の取引先への依存度が高かった事業者様はご苦労されたと思いますが、御社は影響はいかがでしたか

ウチは取引先が分散化しているので、そんなに困ることはなかったけど、人手不足が悩みだよ

 運送業界は2024年問題も含めていろいろと課題を抱えており、大変だと思います。アフターコロナの課題解決には販路開拓を進めて物流の多様化を図っていくことが必要だと思います。どのようにお考えでしょうか

7 不動産業に対して実践したいアプローチトーク

①アプローチのポイント

　不動産業は現金決済が原則であるほか、仲介手数料も現金ですので、運転資金はほぼ発生しません。ただアパート・マンションなど収益物件が多い業者では、家賃の立替資金が生じるケースもあります。また、土地の購入・分譲販売等を扱う業者においては、仕入・販売が発生するため、都度新たな資金需要の発生が考えられます。この場合、土地や分譲住宅の販売（現金回収）により短期で返済されますので、短期運転資金として対応することが基本となります。

　設備資金についても、自店舗のリフォーム・新店舗建設などが考えられる程度で、設備資金需要はそう多くはないといえます。

②こんなトークでアプローチを行おう

御社は地域に根付いた活動をされていると伺っておりますが、地主さんや地域の方々とのお付き合いにはどんなことにお気遣いされていますか

物件の仕入れについては、ネット情報だけでなく、水面下の地域情報をたくさんお持ちになっていると存じます。地域から情報収集される際のコツをぜひ教えてください

アパート・マンションなどの管理物件について、リフォーム・リノベーションのご計画をお持ちのオーナーさんがおられるようでしたら、資金面のご相談に乗らせていただきます

 商品土地の仕入販売については、販売計画の妥当性などについて社長にご参考にしていただけるような情報提供も積極的に行っております。もし、ご予定があればお手伝いさせてください

③アフターコロナを踏まえたアプローチトークで状況を捉えよう

 オンラインツールの利用により情報の一元化や集約化がさらに進んだため、お客様の来店が一段と減っているとお聞きしています。業界の営業スタイルもコロナ前とは変わってきていると思いますが、今後の営業方針で特に心がけていることはございますか

そうだね、不動産業界でもIT化が進んでいるから、ウチもデジタルツールは今後検討しなきゃいけないね

 IT機器を使って重要事項説明書を示す「IT重説（※）」が可能になりましたね。メリットとデメリットもありますが、導入について御社はどのようにお考えですか

※不動産物件の契約時に必要となる「重要事項説明（重説）」を、パソコンやスマホなどのIT機器を使って行うこと。2021年4月から従来の賃貸契約だけでなく、売買契約においても運用が可能となった

〈著者略歴〉

荻野元夫（クリエイトプラン代表）

信用金庫に 33 年間勤務。新規開拓専門部主任推進役、支店長、融資部副部長、営業推進部長などを歴任し、2006年に独立。地域密着型金融のプロとして、自らの実績と体験を背景に「業績を上げながら人材を育てる」実践的な行動理論により、講演、執筆、職員研修、推進担当部指導など、多彩な活動を展開している。

特に、実践的な行動手法やセールス話法をふんだんに取り入れた「成果に結びつく実践論」による研修指導、講義には定評がある。著書に「現場で実践する事業所開拓」（近代セールス社刊）などがある。

【資格】行政書士・宅地建物取引士

新規開拓・取引深耕につながる！
融資渉外に役立つアプローチトーク集

2024 年 2 月 14 日　初版発行

著　者——荻野元夫

発行者——楠 真一郎

発行所——株式会社近代セールス社
　　　　　〒165-0026
　　　　　東京都中野区新井 2-10-11　ヤシマ 1804 ビル 4 階
　　　　　TEL03-6866-7586／FAX03-6866-7596

装　丁——DeHAMA

印刷・製本——広研印刷株式会社

ISBN 978-4-7650-2387-0